Finanzbuchhaltung 3

Lösungen

Franz Carlen
Franz Gianini
Anton Riniker

Finanzbuchhaltung 3

Höhere Finanzbuchhaltung

Lösungen

VERLAG:SKV

Franz Carlen, Franz Gianini, Anton Riniker
Finanzbuchhaltung 3
Höhere Finanzbuchhaltung

17. Auflage 2022 ISBN 978-3-286-34467-9
Bundle: 2 Bände Theorie und Aufgaben sowie Lösungen

Haben Sie Fragen, Anregungen oder Rückmeldungen?
Wir nehmen diese gerne per E-Mail an feedback@verlagskv.ch entgegen.

Inhaltsverzeichnis

1
2
3
4
5
6
7
8

1 Das Rechnungswesen des Unternehmens

1.1 Aufgaben des Rechnungswesens

Planungs- und Entscheidungsinstrument, Kontrollinstrument, Führungsinstrument, Informationsquelle

1.2 Teilbereiche des Rechnungswesens

A Finanzbuchhaltung, Betriebsbuchhaltung, Kalkulation, Geldflussrechnung, Konzernrechnung, Statistik und Betriebsanalyse, Planungsrechnung, Sonderrechnungen

B

1	10 000.–
2	7 000.–

C 7 000.–

1.3 Merkmale der höheren Finanzbuchhaltung

A Die folgenden Merkmale treffen nicht zu:
Seltenheit der Ereignisse, langfristige Auswirkungen, Komplexität und hoher Schwierigkeitsgrad

B
- Gründung
- Kapitalerhöhung
- Umwandlung
- Obligationenanleihen
- Fusion
- Sanierung
- Kapitalherabsetzung
- Liquidation
- Abspaltung

2 Unternehmensgründung und Beteiligungsfinanzierung

2.1 Juristische Personen

1, 4, 5

2.2 Haftung der Gesellschafter im Konkursfall der Kollektivgesellschaft

2, 4

2.3 Gewinnverteilung bei einer Kollektivgesellschaft

8000.–; vergleiche OR 557 und 533.

2.4 Besondere Körperschaften

1	Kommanditaktiengesellschaft (sehr selten)
2	Genossenschaft
3	Verein (ZGB 60 ff.)

2.5 Gründung eines Einzelunternehmens

A

1	a	Bank	/ Eigenkapital	10 000.–
	b	Fahrzeuge	/ Eigenkapital	20 000.–
2	a	Bank	/ Darlehen	35 000.–
	b	Wertschriften	/ Darlehen	5 500.–

B

Gründungsbilanz

Umlaufvermögen		Langfristiges Fremdkapital	
Bank	45 000	Darlehen	40 500
Wertschriften	5 500		
		Eigenkapital	
Anlagevermögen		Eigenkapital	30 000
Fahrzeuge	20 000		
	70 500		70 500

2.6 Die Stellung der Ehefrau im Konkursfall des Ehemannes

A Nichts; die Einlage stellt Eigenkapital dar.

B Nichts

C 56,06 % ① von 80 000.– = 44 848.–

2.7 Die Stellung des stillen Gesellschafters im Konkurs des Einzelunternehmers

F. Fischli: 170
G. Ganter: 0

① Fremdkapital und Darlehen 330 000.– ⟶ 100 %
Aktiven 185 000.– ⟶ 56,06 % = Konkursdividende

2.8 Gründung eines Einzelunternehmens mit Beteiligung der Ehefrau

A

Gründungsbilanz

Bank	76 900	Eigenkapital	185 300
Wertschriften	108 400		
	185 300		185 300

B–D

Bank

AB 76 900		52 500	11
		15 240	13
SB 40 840		50 000	15

Wertschriften

AB	108 400	28 400	10
		80 000	SB

Handelswaren

14	73 680	73 680	SB

Heizmaterial

6	1 800	1 800	SB

Mobiliar und Einrichtungen

13	15 240	15 240	SB

Liegenschaften

5	220 000	220 000	SB

Verbindlichkeiten aus L + L

15	50 000	73 680	14
SB	23 680		

Hypothekarzinsschuld

SB	900	900	8

Hypotheken

		80 000	7
SB	140 000	60 000	9

Abrechnungskonto

7	80 000	220 000	5
8	900	1 800	6
9	60 000		
10	28 400		
11	52 500		
	221 800	221 800	

Eigenkapital

SB	185 300	185 300	AB

Anmerkung
Die Buchungstatsache 12 ergibt keinen Eintrag, da es keine Buchung gibt.

E

Bilanz des Einzelunternehmens S. Feusi

Umlaufvermögen		**Kurzfristiges Fremdkapital**	
Wertschriften	80 000	Verbindlichkeiten aus L + L	23 680
Handelswaren	73 680	Bank	40 840
Heizmaterial	1 800	Hypothekarzinsschuld	900
Anlagevermögen		**Langfristiges Fremdkapital**	
Mobiliar und Einrichtungen	15 240	Hypotheken	140 000
Liegenschaften	220 000	**Eigenkapital**	
		Eigenkapital	185 300
	390 720		390 720

F	Bank	/ Darlehen	60 000.– (anstelle Buchungstatsache 3)
	Wertschriften	/ Darlehen	80 000.– (anstelle Buchungstatsache 4)

G	Eigenkapital wird aufgelöst in:	• Darlehen	140 000.– (der Ehefrau)
		• Eigenkapital	45 300.– (des Ehemannes)

H Vorteile

- Klare Trennung der Vermögensteile der Ehepartner für den Fall des Konkurses, der Scheidung oder des Todes eines Ehepartners
- Pfandsicherung des Darlehens möglich

Nachteile

- Bilanzoptik: Ungünstiger Eigenfinanzierungsgrad, da weniger Eigenkapital. Folge: Schlechtere Bonität
- Evtl. Verzinsung des Darlehens
- Darlehensrückzug bei Scheidung einfacher

2.9 Erbteilung und Geschäftsübernahme durch die Erben

Teil 1

A. Güterrechtliche Auseinandersetzung

A		Reinvermögen bei der Erbteilung	240
	–	Eigengut	60
		Errungenschaft	180

B		½ der Errungenschaft	90
	+	Eigengut Johanna Meier	40
		Guthaben der Ehefrau	130

B. Erbrechtliche Teilung

C		½ der Errungenschaft	90
	+	Eigengut Robert Meier	20
		Erbmasse	110

D		Guthaben der Ehefrau (siehe **B**)	130
	+	½ Erbmasse	55
		Gesamtguthaben der Witwe	185

E $\frac{\text{½ Erbmasse}}{2} = 27{,}5$

F Steuern:
- Einkommens- und Vermögenssteuer des Erblassers
- Erbschaftssteuer, sofern die kantonale Gesetzgebung eine solche vorsieht.

Teil 2 Fall 1

A

1	Eigenkapital	/ Übergabekonto	55
2	Übergabekonto	/ Immobilien	300
	Hypotheken	/ Übergabekonto	120
3	Mietzinsguthaben	/ Übergabekonto	15
4	Darlehensguthaben	/ Übergabekonto	110

B

Eröffnungsbilanz des Einzelunternehmens Johanna Meier

Umlaufvermögen		**Kurzfristiges Fremdkapital**	
Kasse, Post, Bank	30	Verbindlichkeiten aus L+L	34
Warenvorrat	50	Rückstellung	6
Mietzinsguthaben (ARA) ①	15	**Eigenkapital**	
Anlagevermögen		Eigenkapital	185
Darlehensguthaben ①	110		
Mobilien	20		
	225		225

Fall 2

A

1	Keine Buchung		
2	Bank	/ Hypotheken	50
3	Eigenkapital	/ Bank	27,5

B

Eröffnungsbilanz des Einzelunternehmens Fritz Meier

Umlaufvermögen		**Kurzfristiges Fremdkapital**	
Kasse, Post, Bank	52,5	Verbindlichkeiten aus L+L	34
Warenvorrat	50	Rückstellung	6
Anlagevermögen		**Langfristiges Fremdkapital**	
Mobilien	20	Hypotheken	170
Immobilien	300	**Eigenkapital**	
		Eigenkapital	212,5 ②
	422,5		422,5

C Abfindungssumme ist zu gering, wenn noch stille Reserven und ein Goodwill vorhanden sind.

Fall 3

A

1	Eigenkapital	/ Kapital F. Meier	27,5
2	Eigenkapital	/ Kommandite B. Meier ③	20
3	Eigenkapital	/ Kasse	7,5
4	Eigenkapital	/ Darlehen	185

① gegenüber den Kindern
② inkl. 185 stille Teilhaberin
③ oder Kapital B. Meier

B **Eröffnungsbilanz der Kommanditgesellschaft**

Umlaufvermögen		**Kurzfristiges Fremdkapital**	
Kasse, Post, Bank	22,5	Verbindlichkeiten aus L+L	34
Warenvorrat	50	Rückstellung	6
Anlagevermögen		**Langfristiges Fremdkapital**	
Mobilien	20	Darlehen	185
Immobilien	300	Hypotheken	120
		Eigenkapital	
		Kapital F. Meier	27,5
		Kommandite B. Meier	20
	392,5		392,5

C Im Fall 2 besteht zwischen Witwe Meier und ihrem Sohn ein Gesellschaftsverhältnis gemäss OR 530 ff. Ihre Einlage stellt Eigenkapital dar. Im Gesellschaftskonkurs kann sie deshalb keine Forderung geltend machen.

Im Fall 3 stellt die Einlage der Witwe Meier Fremdkapital dar. Im Gesellschaftskonkurs kann sie deshalb als (Darlehens-)Gläubigerin ihre Forderung in der 3. Klasse des Kollokationsplanes anmelden.

Fall 4

A

1	Bank	/ Immobilien	180	
2	Hypotheken	/ Immobilien	120	
3	Eigenkapital	/ Bank	185	Anteil Mutter
4	Eigenkapital	/ Kapital B. Meier	27,5	Anteil Schwester
	Eigenkapital	/ Kapital F. Meier	27,5	Anteil Bruder

B **Eröffnungsbilanz der Kollektivgesellschaft**

Umlaufvermögen		**Kurzfristiges Fremdkapital**	
Kasse, Post, Bank	25	Verbindlichkeiten aus L+L	34
Warenvorrat	50	Rückstellung	6
Anlagevermögen		**Eigenkapital**	
Mobilien	20	Kapital B. Meier	27,5
		Kapital F. Meier	27,5
	95		95

C Weitere Fälle: Erbengemeinschaft, GmbH, AG, B. Meier übernimmt das Geschäft mit oder ohne Beteiligung von Mutter und Bruder.

2.10 Gründung einer Kollektivgesellschaft

A

1	a	Einbringung Fischer	/ Kapital Fischer	700
	b	Einbringung Gerber	/ Kapital Gerber	1 400
	c	Einbringung Studer	/ Kapital Studer	700
2	a	Liegenschaft	/ Einbringung Fischer	3 500
	b	Einbringung Fischer	/ Hypotheken	2 800
3	a	Kasse	/ Einbringung Gerber	140
	b	Bank	/ Einbringung Gerber	210
	c	Wertschriften	/ Einbringung Gerber	350
	d	Warenvorrat	/ Einbringung Gerber	685
	e	Keine Buchung oder		
		Privat Gerber	/ Einbringung Gerber	15
4	a	Forderungen aus L+L	/ Einbringung Studer	210
	b	Warenvorrat	/ Einbringung Studer	350
	c	Darlehen an Studer	/ Einbringung Studer	140

B

Gründungsbilanz der Kollektivgesellschaft

Umlaufvermögen		Langfristiges Fremdkapital	
Kasse	140	Hypotheken	2 800
Bank	210		
Wertschriften	350	Eigenkapital	
Forderungen aus L+L	210	Kapital Fischer	700
Einbringung Gerber	15	Kapital Gerber	1 400
Warenvorrat	1 035	Kapital Studer	700
Anlagevermögen			
Darlehen an Studer	140		
Liegenschaft	3 500		
	5 600		5 600

C

1	Einzahlung Studer	/ Kapital Studer	700
2	Bank	/ Einzahlung Studer	700

2.11 Aufnahme eines neuen Gesellschafters

Variante I

A

Vogel $\underline{25\,200.–} = \dfrac{42\,000 \cdot 150\,000}{250\,000}$

Katz $\underline{16\,800.–} = \dfrac{42\,000 \cdot 100\,000}{250\,000}$

B

1	Übrige Aktiven	/ Reserven ①	33 000.–
	Reserven	/ Privat Vogel	25 200.–
	Reserven	/ Privat Katz	16 800.–
2	Liquide Mittel	/ Kapital Leu	100 000.–

C

Bilanz nach Aufnahme von Leu

Liquide Mittel	112 000	Diverses Fremdkapital	38 000
Übrige Aktiven	320 000	Privat Vogel	26 700
		Privat Katz	17 300
		Kapital Vogel	150 000
		Kapital Katz	100 000
		Kapital Leu	100 000
	432 000		432 000

Variante II

D

Kapital Katz und Vogel	250 000.–	⟶	100 %
Reserven Katz und Vogel	42 000.–	⟶	16,8 %
Kapital Leu	100 000.–	⟶	100 %
Reserven Leu (= Aufgeld)	16 800.–	⟵	16,8 %

E

Liquide Mittel	/ Kapital Leu	100 000.–
Liquide Mittel	/ Kapital Vogel	7 200.–
Liquide Mittel	/ Kapital Katz	4 800.–
Liquide Mittel	/ Kapital Leu	4 800.–

F

Bilanz nach Aufnahme von Leu

Liquide Mittel	128 800	Diverses Fremdkapital	38 000
Übrige Aktiven	287 000	Privat Vogel	1 500
		Privat Katz	500
		Kapital Vogel	157 200
		Kapital Katz	104 800
		Kapital Leu	104 800
		Reserven	9 000
	415 800		415 800

G

Liquide Mittel	/ Kapital Leu	100 000.–
Liquide Mittel	/ Reserven	16 800.–

① Auch die erfolgsunwirksame Auflösung von unversteuerten stillen Reserven ist steuerbarer Ertrag.

Variante III

H Vogel $\underline{18\,000.–} = \frac{42\,000 \cdot 150\,000}{350\,000}$

Katz $\underline{12\,000.–} = \frac{42\,000 \cdot 100\,000}{350\,000}$

Leu $\underline{12\,000.–} = \frac{42\,000 \cdot 100\,000}{350\,000}$

I Vogel $\underline{7\,200.–}$ = 25 200.– – 18 000.–

Katz $\underline{4\,800.–}$ = 16 800.– – 12 000.–

K	Liquide Mittel	/ Kapital Leu	100 000.–

2.12 Abschluss einer Kollektivgesellschaft und Aufnahme eines neuen Gesellschafters

A 1	a	Immobilienaufwand	/ Bank	140
	b	Hypotheken	/ Bank	200
	c	Bank	/ Finanzertrag	8
	d	VST-Guthaben	/ Finanzertrag	4
	e	Finanzaufwand	/ Bank	7
2	a	Übriger Betriebsaufwand	/ Passive Rechnungsabgrenzung	95
	b	Forderungen aus L+L	/ Warenverkauf	50
3	a	Personalaufwand	/ Privat Zoller	100
		Personalaufwand	/ Privat Koch	100
	b	Finanzaufwand	/ Privat Zoller	400 ①
		Finanzaufwand	/ Privat Koch	320 ②
4	a	Abschreibungen	/ WB Mobilien und Fahrzeuge	200
	b	Immobilienaufwand	/ WB Immobilien	160
5		Wareneinkauf	/ Warenvorrat	200 ③
6	a	Privat Koch	/ Immobilienertrag	250
	b	Immobilienaufwand	/ Post	100
		Privat Koch	/ Post	120

① 4% von 10 000

② 4% von 8 000

③

Warenlager zu VP	16 200	⟶	100 %
Warenlager zu EP	10 800	⟵	66⅔%
– Stille Reserven	3 000		
Buchwert SB	7 800		
Buchwert AB	8 000		
Bestandesabnahme	200		

oder:

Warenvorrat	Extern	Intern	St. Res
AB	8 000	11 000	3 000
SB	7 800	10 800	3 000
Veränderung	**– 200**	– 200	0

B

Bilanz vor Gewinnverwendung vom 31. Dezember 20_0

Umlaufvermögen			**Kurzfristiges Fremdkapital**	
Kasse, Post		1 080	Verbindlichkeiten aus L+L	2 800
Bank		1 361	Privat Koch	450
Forderungen aus L+L		3 050	Passive Rechnungsabgrenzung	95
VST-Guthaben		4	**Langfristiges Fremdkapital**	
Privat Zoller		300	Hypotheken	3 800
Einzahlungskonto Koch		2 000	**Eigenkapital**	
Warenvorrat		7 800	Kapital Zoller	10 000
Anlagevermögen			Kapital Koch	10 000
Mobilien u. Fahrzeuge	2 000		Jahresgewinn	3 590
WB Mobilien u. Fahrz.	– 1 200	800		
Immobilien	16 000			
WB Immobilien	– 1 660	14 340		
		30 735		30 735

Erfolgsrechnung für 20_0

Warenaufwand	30 700	Warenertrag	43 850
Personalaufwand	1 700	Finanzertrag	12
Übriger Betriebsaufwand	6 995		
Abschreibungen	200		
Finanzaufwand	827		
Immobilienaufwand	850	Immobilienertrag	1 000
Jahresgewinn	3 590		
	44 862		44 862

C

7	a	Jahresgewinn	/ Freiwillige Gewinnreserven	1 000
	b	Jahresgewinn	/ Privat Zoller	1 295
		Jahresgewinn	/ Privat Koch	1 295
	c	Privat Koch	/ Einzahlungskonto Koch	1 200

D

Bilanz nach Gewinnverwendung

Umlaufvermögen			**Kurzfristiges Fremdkapital**	
Kasse, Post		1 080	Verbindlichkeiten aus L+L	2 800
Bank		1 361	Privat Zoller	995
Forderungen aus L+L		3 050	Privat Koch	545
VST-Guthaben		4	Passive Rechnungsabgrenzung	95
Einzahlungskonto Koch		800	**Langfristiges Fremdkapital**	
Warenvorrat		7 800	Hypotheken	3 800
Anlagevermögen			**Eigenkapital**	
Mobilien u. Fahrzeuge	2 000		Kapital Zoller	10 000
WB Mobilien u. Fahrz.	– 1 200	800	Kapital Koch	10 000
Immobilien	16 000		Freiwillige Gewinnreserven	1 000
WB Immobilien	– 1 660	14 340		
		29 235		29 235

E

8	a Bank	/ Einzahlungskonto Koch	300
	b Privat Koch	/ Einzahlungskonto Koch	500

F

Die Aufteilung der Reserven geschieht im Verhältnis zum **alten** Kapital.

bisher			Anteil Blumer	
Kapital Zoller und Koch	20000 →	100 % →	10000	
Offene Reserven	1000 →	5 % →	500	2000
Stille Reserven	3000 →	15 % →	1500	

9	a Einbringungskonto Blumer	/ Kapital Blumer	10000
	b Einbringungskonto Blumer	/ Gesetzliche Kapitalreserve	2000
	c Wertschriften	/ Einbringungskonto Blumer	6300
	d Bank	/ Einbringungskonto Blumer	5700

G

Bilanz nach Aufnahme von F. Blumer

Umlaufvermögen			**Kurzfristiges Fremdkapital**	
Kasse, Post		1080	Verbindlichkeiten aus L+L	2800
Bank		7361	Privat Zoller	995
Wertschriften		6300	Privat Koch	45
Forderungen aus L+L		3050	Privat Blumer	–
VST-Guthaben		4	Passive Rechnungsabgrenzung	95
Warenvorrat		7800	**Langfristiges Fremdkapital**	
Anlagevermögen			Hypotheken	3800
Mobilien u. Fahrzeuge	2000		**Eigenkapital**	
WB Mobilien u. Fahrz.	– 1200	800	Kapital Zoller	10000
Immobilien	16000		Kapital Koch	10000
WB Immobilien	– 1660	14340	Kapital Blumer	10000
			Gesetzliche Kapitalreserve	2000
			Freiwillige Gewinnreserven	1000
		40735		40735

H

Die Aufteilung der Reserven geschieht im Verhältnis zum **neuen** Kapital.

			Anteil Blumer	
Kapital Zoller und Koch	20000			
Kapital Blumer	10000		10000	← 100 %
Neues Kapital	30000 →	100 %		
Offene u. stille Reserven	4000 →	13⅓ %	1333.35	← 13⅓ %

Kontrolle offene und stille Reserven

Alter Bestand je bisheriger Teilhaber	2000
Neuer Bestand je bisheriger Teilhaber	1333.35
Entschädigung je bisheriger Teilhaber	666.65 durch F. Blumer

Buchung

Liquide Mittel	/ Kapital Blumer	10 000

Ausserhalb der Gesellschaft
Jeder bisherige Gesellschafter erhält von F. Blumer CHF 666.65 privat ausbezahlt.

2.13 Sacheinlagegründung einer Aktiengesellschaft, Ausgabekurs: pari, Liberierung: 100 %

A

1	a–c	Aktionäre	/ Aktienkapital	100
2	a	Fahrzeuge	/ Aktionäre	48
	b	Bank	/ Aktionäre	2
3	a	Wertschriften	/ Aktionäre	24
	b	Bank	/ Aktionäre	16
4		Bank	/ Aktionäre	10
5		Ausserordentlicher Aufwand	/ Bank	6

B

Gründungsbilanz der Farewell AG

Umlaufvermögen		**Eigenkapital**	
Bank	28	Aktienkapital	100
Wertschriften	24		
Anlagevermögen			
Fahrzeuge	48		
	100		100

C

Gründungs-/Kapitalerhöhungskosten:
- Anwaltskosten
- Öffentliche Beurkundung
- Handelsregistereintrag
- Gründerentschädigung für Vorarbeiten
- Bankkommission für Einzahlung des Aktienkapitals
- Emissionsabgabe

D

CHF 1 000 000.–; Freigrenze

2.14 Bargründung einer Aktiengesellschaft, Ausgabekurs: über pari, Liberierung: 50 %

A

1		Aktionäre	/ Aktienkapital	500 000.–
		Aktionäre	/ Agio	50 000.–
2	a	Bank	/ Aktionäre	300 000.–
	b	Nicht einbezahltes Aktienkapital	/ Aktionäre	250 000.–
3		Agio	/ Bank	7 000.–
4		Agio	/ Gesetzliche Kapitalreserve ①	43 000.–

B

Gründungsbilanz der Solong AG

Umlaufvermögen		**Eigenkapital**	
Bank	293 000	Aktienkapital	500 000
		Gesetzliche Kapitalreserve ①	43 000
Anlagevermögen			
Nicht einbezahltes Aktienkapital ②	250 000		
	543 000		543 000

C Verwendung des Agios gemäss OR 671/1 Ziff. 1:
- Deckung Ausgabekosten
- Zuweisung an Gesetzliche Kapitalreserve, besser an Unterkonto: Kapitaleinlagereserven (Reserve aus Kapitaleinlagen)

D Steuerlich bessere Variante: In der Erfolgsrechnung als Aufwand erfassen.
Die Verrechnung mit dem Agio ist steuerlich nachteilig, weil kein Aufwand verbucht wird.

① In der Praxis wird das Unterkonto Kapitaleinlagereserven (Reserven aus Kapitaleinlagen) verwendet. Es handelt sich um eine steuerbefreite Einlage des Aktionärs. Bei einer späteren Rückzahlung fallen keine Verrechnungssteuer und keine Einkommenssteuer an.

② Gemäss OR 959a am Schluss des Anlagevermögens aufführen.

2.15 Sachübernahmegründung einer Aktiengesellschaft, Ausgabekurs: pari, Liberierung: 100 %

A

1		Aktionäre	/ Aktienkapital	100 000.–
2		Bank	/ Aktionäre	100 000.–
3	a	Warenvorrat	/ Bank	140 000.–
	b	Mobilien	/ Bank	25 000.–
	c	Goodwill	/ Bank	60 000.–
4		Bank	/ Aktionärsdarlehen	45 000.–①

B

Gründungsbilanz der A. Felber AG

Umlaufvermögen		**Kurzfristiges Fremdkapital**	
Warenvorrat	140 000	Bank	80 000
Anlagevermögen		**Langfristiges Fremdkapital**	
Mobilien	25 000	Aktionärsdarlehen	45 000
Goodwill	60 000	**Eigenkapital**	
		Aktienkapital	100 000
	225 000		225 000

C Der Goodwill entspricht dem Geschäftsmehrwert.
Goodwill = Kaufpreis minus Substanzwert

D

- **Subjektiver** = persönlich bedingter (z. B. Persönlichkeit, Name, Kundschaft, Kreditwürdigkeit)
- **Objektiver** = sachlich bedingter (z. B. Standort, Monopol, Produkte, Organisation)
- **Derivativer** = käuflich erworbener → ist aktivierbar
- **Originärer** = selbst erarbeiteter → ist nicht aktivierbar

E Sacheinlagegründung

Liberierung der Aktien durch Übertragung von Sachwerten

Sachübernahmegründung

Bereits vor der Gründung besteht die Absicht von Aktionären oder diesen nahe stehenden Personen, Sachwerte zu übernehmen bzw. zu kaufen.
Nach der Bargründung (1. Schritt) werden die Sachwerte gekauft (2. Schritt).

① 100 000 – 140 000 – 25 000 – 60 000 + 80 000 (Ziel) = –45 000

2.16 Liberierung des ausstehenden Aktienkapitals und Kaduzierung von Aktien

A

1		Baukonto	/ Bank	108 000.–	$\frac{3600000 \cdot 3}{100}$
2		Bank	/ Nicht einbezahltes AK	2 196 000.–	
3	a	Bank	/ Nicht einbezahltes AK	200 000.–	
	b	Bank	/ Baukonto	1 666.65	$\frac{200000 \cdot 6 \cdot 60}{100 \cdot 360}$
4	a	Nicht einbezahltes AK	/ Kaduzierungserfolg	6 000.–	Einbezahlter Teil 60 %
	b	Bank	/ Nicht einbezahltes AK	10 000.–	Liberierung neue Aktien
	c	Kaduzierungserfolg	/ Bank	350.–	Bankkosten
	d	Kaduzierungserfolg	/ Gesetzl. Kapitalreserve	5 650.–	Kaduzierungsgewinn

B

4	a	Kaduzierungserfolg	/ Nicht einbezahltes AK	4 000.–	Fehlbetrag 40 %
	b	Bank	/ Kaduzierungserfolg	10 000.–	Liberierung neue Aktien
	c	Kaduzierungserfolg	/ Bank	350.–	Bankkosten
	d	Kaduzierungserfolg	/ Gesetzl. Kapitalreserve	5 650.–	Kaduzierungsgewinn

C Rechtlich ist das nicht einbezahlte Aktienkapital eine Forderung der Gesellschaft gegenüber den Aktionären (OR 659a/1).

Finanzwirtschaftlich ist das nicht einbezahlte Aktienkapital negatives Eigenkapital.

D Gemäss OR 959a/1 muss das nicht einbezahlte Aktienkapital in der Bilanz am Schluss des Anlagevermögens ausgewiesen werden.

Finanzwirtschaftlich sinnvoller ist es, das nicht einbezahlte Aktienkapital als Minusposten beim Eigenkapital auszuweisen. Grund: Für die Berechnung des Eigenfinanzierungsgrades, der Eigenkapitalrendite und der Dividende ist nur das einbezahlte Aktienkapital massgebend.

E Beim Aktionär

1	Bank	/ Wertschriftenertrag	140.40	$\frac{6 \cdot 2000 \cdot 60^{①} \cdot 3 \cdot 65}{100 \cdot 100 \cdot 100}$
	VST-Guthaben	/ Wertschriftenertrag	75.60	
2	Wertschriftenbestand	/ Kasse	4 800.–	$\frac{6 \cdot 2000 \cdot 40^{②}}{100}$

① 60 % einbezahlt
② 40 % nicht einbezahlt

2.17 Gründung einer Aktiengesellschaft durch Auflösung der Erbengemeinschaft

A

1		Aktionäre	/ Aktienkapital	100 000.–	
2	a	Diverse Aktiven	/ Einbringung Haller+Lerch	451 000.–	
	b	Einbringung Haller+Lerch	/ Diverses Fremdkapital	57 000.–	
	c	Einbringung Haller+Lerch	/ Aktionärsdarlehen	300 000.–	
	d	Aktionärsdarlehen	/ Aktionärshypothek	240 000.–	
	e	Einbringung Haller+Lerch	/ Aktionäre	94 000.–	
3	a	Bank	/ Aktionäre	4 000.–	4 Stück
	b	Verbindlichkeiten aus L+L	/ Aktionäre	2 000.–	2 Stück

B

Einbringungskonto Haller + Lerch

	Soll	Haben	
2b	57 000	451 000	2a
2c	300 000		
2e	94 000		

Aktionäre

	Soll	Haben	
1	100 000	94 000	2e
		4 000	3a
		2 000	3b

C

Gründungsbilanz der Lerch AG

Aktiven			Passiven	
Umlaufvermögen			**Kurzfristiges Fremdkapital**	
Kasse, Post, Bank		24 000	Verbindlichkeiten aus L+L	25 000
Forderungen aus L+L	30 000		Rückstellungen	6 000
WB Forderungen aus L+L	– 4 000	26 000	**Langfristiges Fremdkapital**	
Vorräte		50 000	Aktionärsdarlehen	60 000
Anlagevermögen			Aktionärshypothek	240 000
Maschinen		65 000	Hypotheken	24 000
Immobilien		290 000	**Eigenkapital**	
			Aktienkapital	100 000
		455 000		455 000

D

1 **Für Haller und Lerch**

Vorteile

Das eingebrachte Kapital ist zu 80 % grundpfandgesichert. Sichere Verzinsung.

Nachteile

Darlehen sind weniger leicht übertragbar als Aktien. Die Erben sind Hauptaktionäre, aber nicht im Verwaltungsrat.

2 **Für Aktiengesellschaft**

a **Betriebswirtschaftlicher Vorteil**

Bei einem Erbgang leichtere Durchführung der Teilung der Erbmasse, weil das Unternehmen nicht aufgelöst werden muss. Es werden lediglich die Aktien vererbt.

Betriebswirtschaftlicher Nachteil

Wenig Eigenkapital.

b **Steuerliche Vorteile**

Geringere Kapitalsteuer. Darlehenszinsen sind Betriebsaufwand und vermindern den Jahresgewinn der AG. Dies bewirkt, dass weniger Steuern zu entrichten sind (Gewinnsteuer, Verrechnungssteuer auf Dividende).

2.18 Finanzierung mit und ohne Aktionärsdarlehen

	Berechnung	Variante I	Variante II
A	1% vom Aktienkapital (Freigrenze 1 000 000.–)	10 000.–	0.–
B	– 200 000.– – (6 % von 1 000 000.–)	200 000.–	 140 000.–
C	200 000.–/ 116 % · 16 % ① 140 000.–/ 116 % · 16 % ①	27 586.–	 19 310.–
D	200 000.– – 27 586.– 140 000.– – 19 310.–	172 414.–	 120 690.–

E
- Kleinere Emissionsabgabe bei der Gründung.
- Der Zins für das Aktionärsdarlehen kann bei der AG als Aufwand geltend gemacht werden; (siehe B). Der Zins wird nur einmal beim Aktionär als Einkommen versteuert.
- Eine Dividendenausschüttung unterliegt im Gegensatz zum Zins der wirtschaftlichen Doppelbelastung. ②
- Weniger Kapitalsteuer bei der AG, da weniger Eigenkapital vorhanden ist.

① Weil bei einer Aktiengesellschaft die direkten Steuern als Aufwand geltend gemacht werden können, entspricht der Jahresgewinn vor Steuern für die Berechnung der Gewinnsteuer 116 %.
② In einigen Kantonen und beim Bund muss die Dividende nicht zu 100 % versteuert werden, falls eine namhafte Beteiligung an der AG vorliegt.

2.19 Aktienemissionspreis und bisheriger Aktienwert

A Zwischen Nominalwert und höherem Kurswert, Substanzwert oder Innerem Wert

B Er fällt (= Kapitalverwässerung).

C Gemäss OR 671/1 Ziffer 1 für die Deckung der Ausgabekosten der Kapitalerhöhung

1	Folgende Agioverwendung ist steuerlich nicht sinnvoll, weil sie erfolgsunwirksam erfasst wird. Verrechnung der bezahlten Ausgabekosten: Agio / Bank.
2	Am häufigsten ist die Zuweisung an die gesetzliche Kapitalreserve (Agio / Gesetzliche Kapitalreserve). Noch besser wäre im Unterkonto Kapitaleinlagereserven (steuerberfreit). Dies ist sinnvoll, da – die Ausgabekosten der Erfolgsrechnung belastet werden (A. o. Aufwand / Bank) – das Eigenkapital gestärkt wird und die gesetzliche Kapitalreserve später steuerfrei ausgeschüttet werden könnte (OR 671/2)

2.20 Prozentuale Belastung der Kapitalerhöhung

A

Kapitalzufluss (Aktienkapital)	2 000 000.– ⟶	100 %
Dividende (= Belastung)	200 000.– ⟶	10 %

B

Kapitalzufluss (Aktienkapital und Reserven)	2 600 000.– ⟶	100 %
Dividende (= Belastung)	200 000.– ⟶	7,7 %

C 6,7 %

D 5 %

E 3,3 %

2.21 Berechnung des Bezugsrechtes bei gleichen Nennwerten

A

	Bestand		Erhöhung
Aktienkapital (in Mio.)	6		1
Bezugsverhältnis	6	:	1

B ohne Formel:

Wert 6 alte	Aktien zu 1 510.–	9 060.–	
Wert 1 neue	Aktie zu 1 300.–	1 300.–	
Wert 7	Aktien nach Kapitalerhöhung	10 360.–	
∅ Wert 1	Aktie nach Kapitalerhöhung		1 480.–
Wert 1	Aktie vor Kapitalerhöhung		1 510.–
Wert 1	Bezugsrecht		30.–

mit Formel:

$$B = \frac{A - E}{\frac{a}{n} + 1} = \frac{1\,510 - 1\,300}{\frac{6}{1} + 1} = \underline{30.–}$$

C Um den Wert des Bezugsrechtes von CHF 30.–.

D Da der Emissionspreis unter dem aktuellen (= alten) Aktienwert liegt (Normalfall), ergibt sich durch die Mischrechnung ein tieferer (neuer) Durchschnittswert.

2.22 Berechnung des Bezugsrechtes bei gleichen Nennwerten und Verbuchung einer ordentlichen Aktienkapitalerhöhung mit Vermögenszugang

A

	Bestand		Erhöhung
Aktienkapital (in Mio.)	6		4
Bezugsverhältnis (gekürzt)	3	:	2

B ohne Formel:

Wert 3 alte	Aktien zu 1 600.–	4 800.–	
Wert 2 neue	Aktien zu 1 300.–	2 600.–	
Wert 5	Aktien nach Kapitalerhöhung	7 400.–	
∅ Wert 1	Aktie nach Kapitalerhöhung		1 480.–
Wert 1	Aktie vor Kapitalerhöhung		1 600.–
Wert 1	Bezugsrecht		120.–

mit Formel:

$$B = \frac{1600 - 1300}{\frac{3}{2} + 1} = \underline{120.–}$$

C

1		Aktionäre	/ Aktienkapital	4 000 000.–
		Aktionäre	/ Agio	6 400 000.–
2		Bank	/ Aktionäre	10 400 000.–
3	a	(Ausserordentlicher) Finanzaufwand	/ Bank	47 500.–
	b	(Ausserordentlicher) Finanzaufwand	/ Bank	102 500.–①
4		Agio	/ Gesetzliche Kapitalreserve②	6 400 000.–

D Ist die Entschädigung für das Sinken des Aktienwertes bzw. für die Kapitalverwässerung.

2.23 Bezugsrechtsberechnung bei gleichen Nennwerten und Verbuchung des Bezugsrechtes beim Aktionär

A

	Vor AK-Erhöhung	AK-Erhöhung	Nach AK-Erhöhung
Aktienkapital	1 000 000.–	500 000.–	1 500 000.–
Reserven	300 000.–	75 000.–	375 000.–
Eigenkapital	1 300 000.–	575 000.–	1 875 000.–
Anzahl Aktien	10 000	5 000	15 000
Wert einer Aktie	130.–	115.–	125.–

① Emissionsabgabe $= \frac{(10{,}4 \text{ Mio.} - 47\,500.–) \cdot 1}{101} = \underline{102\,500.–}$

② Kapitaleinlagereserven (Reserven aus Kapitaleinlagen)

B 2 alte Aktien bzw. Bezugsrechte (1 000 000.– : 500 000.–)

2 alte Aktien ergeben das Recht auf den Bezug einer neuen Aktie oder Kurzfassung:
2 alte Aktien : 1 neue Aktie ⟶ Bezugsverhältnis = 2 : 1

C

	Emissionspreis	115.–
–	Nennwert	100.–
	Agio	15.–

D

	Aktienwert vor AK-Erhöhung	130.–
–	Aktienwert nach AK-Erhöhung	125.–
	Wertverlust je alte Aktie	5.–

Dieser Wertverlust entsteht, weil der Emissionspreis unter dem bisherigen Wert liegt. Es liegt eine Kapitalverwässerung vor. Der Wertverlust von CHF 5.– entspricht dem theoretischen bzw. rechnerischen Wert eines Bezugsrechtes.

E

1	**Monti**		
	Wertschriftenbestand	/ Bank	115.–
2	**Berger**		
	Bank	/ Wertschriftenbestand	5.–
	Wertschriftenbestand	/ Bank	115.–
	oder		
	Bank	/ Wertschriftenertrag	5.–
	Wertschriftenbestand	/ Bank	115.–
3	**Palmer**		
	Wertschriftenbestand	/ Bank	5.–
	Wertschriftenbestand	/ Bank	115.–

F

	Monti		Berger		Palmer	
	Stück	Wert	Stück	Wert	Stück	Wert
Vor AK-Erhöhung + Kauf neue Aktie – Verk./+ Kauf Bezugsrecht	2 1 –	260.– +115.– –	3 1 –	390.– +115.– – 5.–	1 1 –	130.– +115.– + 5.–
Nach AK-Erhöhung	3	375.–	4	500.–	2	250.–
Durchschnittswert 1 Aktie nach AK-Erhöhung		125.–		125.–		125.–

G

Vermögen	Monti		Berger		Palmer	
Vor AK-Erhöhung:						
Wert der Aktien	260.–		390.–		130.–	
+ Bankguthaben	1 000.–	1 260.–	1000.–	1 390.–	1 000.–	1 130.–
Nach AK-Erhöhung:						
Wert der Aktien	375.–		500.–		250.–	
+ Bankguthaben	885.–	1 260.–	890.–	1 390.–	880.–	1 130.–
Erfolg		0.–		0.–		0.–

Anmerkung

Wegen Angebot und Nachfrage am Markt (z. B. an der Börse) können die Preise der Bezugsrechte und die Wertverminderungen der Aktien vom rechnerischen Wert abweichen.

2.24 Berechnung des Bezugsrechtes bei verschiedenen Nennwerten

A ohne Formel:

Bezugsverhältnis	alte Aktie	neue Aktie	
stückmässig	1	1	
nennwertmässig	10	1	(für je 100.– Nennwert je Stück)
gesamthaft = wertmässig	= 10	1	

Das stückmässige Bezugsverhältnis von 1 : 1 muss mit dem Nennwert der bisherigen Aktien (nom. 1 000.–) und dem der neuen Aktien (nom. 100.–) gewichtet werden. Hier (1 · 1000.–) : (1 · 100.–) ergibt das gesamthafte (wertmässige) Bezugsverhältnis von 10 : 1.
Das wertmässige Bezugsrecht kann auch aus dem bisherigen Aktienkapital (5 Mio.) und dem neu geschaffenen Aktienkapital (500 000.–) berechnet werden.

	Wert 1 alte	Aktie zu	1 800.–	⟶	10 Nennw. zu 100.– nom.	1 800.–
	Wert 1 neue	Aktie zu	150.–	⟶	1 Nennw. zu 100.– nom.	150.–
	Wert				11 Nennw. zu 100.– nom.	1 950.–
⌀	Wert				1 Nennw. zu 100.– nom.	177.273
⌀	Wert 1	Aktie		⟶	10 Nennw. zu 100.– nom. nach Kapitalerh.	1 772.73
	Wert 1	Aktie		⟶	10 Nennw. zu 100.– nom. vor Kapitalerh.	1 800.–
	Wert 1	Bezugsrecht				27.27

mit Formel:

Variante 1: $$B = \frac{A - E}{\frac{a}{n} + 1} = \frac{1\,800 - 1\,500\ (!)}{\frac{10}{1} + 1} = \underline{27.27}$$

Variante 2: $$B = \left(\frac{180 - 150}{\frac{10}{1} + 1}\right) \cdot 10 = \underline{27.27}$$

Entweder muss der Emissionspreis von 150.– für nom. 100.– auf den theoretischen Emissionspreis für nom. 1 000.– hochgerechnet werden, nämlich auf 1 500.– (vergleiche Variante 1) oder der bisherige Aktienwert von 1800.– muss auf einen theoretischen Aktienwert für nom. 100.– umgerechnet werden, nämlich auf 180.– (vergleiche Variante 2).

B ohne Formel:

Bezugsverhältnis	alte Aktie : neue Aktie	
stückmässig	1 : 2	
nennwertmässig	10 : 1	(für je 100.– Nennwert je Stück)
gesamthaft = wertmässig	= 10 : 2	(oder 5 : 1, gekürzt)

Wert 1 alte	Aktie zu	1800.–	→	10 Nennw. zu 100.– nom.	1 800.–	
Wert 2 neue	Aktien zu	150.–	→	2 Nennw. zu 100.– nom.	300.–	
Wert				12 Nennw. zu 100.– nom.	2 100.–	
∅ Wert				1 Nennw. zu 100.– nom.	175.–	
∅ Wert 1	Aktie		→	10 Nennw. zu 100.– nom. nach Kapitalerh.		1 750.–
Wert 1	Aktie		→	10 Nennw. zu 100.– nom. vor Kapitalerh.		1 800.–
Wert 1	Bezugsrecht					50.–

mit Formel:

Variante 1: $$B = \frac{A - E}{\frac{a}{n} + 1} = \frac{1\,800 - 1\,500\ (!)}{\frac{10}{2} + 1} = \underline{50.–}$$

Variante 2: $$B = \left(\frac{180 - 150}{\frac{10}{2} + 1}\right) \cdot 10 = \underline{50.–}$$

2.25 Berechnung des Bezugsrechtes bei verschiedenen Nennwerten und Titelkategorien

Anteil der alten Aktien und bisherigen Partizipationsscheine an der Aktienkapitalerhöhung

		AK	PS	Total
Aufteilung des Nominalkapitals vor Aktienkapitalerhöhung		8 Mio.	2 Mio.	10 Mio.
Aufteilung Aktienkapitalerhöhung	– im Verhältnis	4 :	1	5
	– in Stücken	16 000	4 000	20 000

Bezugsverhältnis für die alten Aktien

mit absoluten Werten

	Aktie	AK-Erh.
Stückzahl	80 000	16 000
Nominalwert/Stück	100.–	100.–
Gesamtbetrag	8 Mio.	1,6 Mio.

im Verhältnis

	Aktie	AK-Erh.
stückmässig	[5 : 1]	
nennwertmässig	[1 : 1]	
gesamtwertmässig	5 : 1	

Bezugsverhältnis für die bisherigen Partizipationsscheine

mit absoluten Werten

	PS	AK-Erh.
Stückzahl	100 000	4 000
Nominalwert/Stück	20.–	100.–
Gesamtbetrag	2 Mio.	0,4 Mio.

im Verhältnis

	PS	AK-Erh.
stückmässig	[25 : 1]	
nennwertmässig	[1 : 5]	
gesamtwertmässig	25 : 5	

Wert eines Bezugsrechtes für eine Aktie

ohne Formel:

	Wert 5 alte	Aktien zu 620.–	3 100.–	
	Wert 1 neue	Aktie zu 500.–	500.–	
	Wert 6	Aktien nach Kapitalerhöhung	3 600.–	
∅	Wert 1	Aktie nach Kapitalerhöhung		600.–
	Wert 1	Aktie vor Kapitalerhöhung		620.–
	Wert 1	Bezugsrecht		20.–

mit Formel:

$$B = \frac{A - E}{\frac{a}{n} + 1} = \frac{620 - 500}{\frac{5}{1} + 1} = \underline{20.–}$$

Wert eines Bezugsrechtes für einen Partizipationsschein

ohne Formel:

	Wert 25 alte	PS	zu 120.–	→	25 Nennwerte zu 20.– nom.	3000.–	
	Wert 1 neue	Aktie	zu 500.–	→	5 Nennwerte zu 20.– nom.	500.–	
	Wert				30 Nennwerte zu 20.– nom.	3500.–	
∅	Wert				1 Nennwert zu 20.– nom.	116.65	
∅	Wert 1	PS		→	1 Nennwert zu 20.– nom. nach Kapitalerh.		116.65
	Wert 1	PS		→	1 Nennwert zu 20.– nom. vor Kapitalerh.		120.–
	Wert 1	Bezugsrecht					3.35

mit Formel:

$$B = \frac{A - E}{\frac{a}{n} + 1} = \frac{120 - \frac{500}{5}}{\frac{25}{5} + 1} = \underline{3.35}$$

2.26 Berechnung des Aktienemissionspreises

A

	Bestand	Erhöhung
Aktienkapital (in Mio.)	8	2
Bezugsverhältnis (gekürzt)	4 :	1

B ohne Formel:

	Wert 4 alte	Aktien zu 4900.–		19600.–
	Wert 1 neue	Aktie zu ?		**3650.–**
	Wert 5	Aktien nach	Kapitalerhöhung	23250.–
∅	Wert 1	Aktie nach	Kapitalerhöhung	4650.–
	Wert 1	Aktie vor	Kapitalerhöhung	4900.–
	Wert 1	Bezugsrecht		250.–

mit Formel:

$$E = A - B \cdot \left(\frac{a}{n} + 1\right) = 4900 - 250 \cdot \left(\frac{4}{1} + 1\right) = \underline{3650.–}$$

2.27 Vereinheitlichung des Aktienkapitals und ordentliche Aktienkapitalerhöhung

A

1	a	Prioritätsaktienkapital A	/ Aktienkapital	2 360 000.–
	b	Prioritätsaktienkapital B	/ Aktienkapital	400 000.–
2		Stammaktienkapital	/ Aktienkapital	40 000.–
3		(Ausserordentlicher) Finanzaufwand	/ Bank	15 000.–
4		Keine Buchung; betrifft Handelsbank		
5	a	Aktionäre	/ Aktienkapital	20 000.–
	b	Aktionäre	/ Aktienkapital	1 180 000.–
	c	Aktionäre	/ Aktienkapital	200 000.–
6		Bank	/ Aktionäre	1 400 000.–
7		(Ausserordentlicher) Finanzaufwand	/ Bank	14 000.– ①
8		(Ausserordentlicher) Finanzaufwand	/ Bank	7 000.– ②
9		Keine Buchung; betrifft Handelsbank		

B ohne Formel:

	Wert 2 alte	Aktien	zu 192.–	384.–	
	Wert 1 neue	Aktie	zu 100.–	100.–	
	Wert 3	Aktien nach	Kapitalerhöhung	484.–	
∅	Wert 1	Aktie nach	Kapitalerhöhung		161.35
	Wert 1	Aktie vor	Kapitalerhöhung		192.–
	Wert 1	Bezugsrecht			30.65

mit Formel:

$$B = \frac{192 - 100}{\frac{2}{1} + 1} = \underline{30.65}$$

C

Wertschriftenbestand	/ Post	900.– ③

① 1 % von 1,4 Mio.
② ½ % von 1,4 Mio.
③ Siehe Buchungstatsache 9 und 5b = $\frac{72 \cdot 100.–}{8} = \underline{900.–}$

2.28 Baraktienkapitalerhöhung, Gratisaktien und Bardividende

A

1	Liq. Mittel/Aktienkapital	Freiw. Gewinnres./Aktienkapital oder Bilanzgewinn	Bilanzgewinn/Liq. Mittel
2	+	0 – evtl. wegen VST① und Emissionsabgabe	–
	+	+	0
	+	0 – evtl. wegen VST① und Emissionsabgabe	–
3	häufig	selten	häufig

B Dafür:
- Benötigt gegenüber der Bardividende keine oder weniger liquide Mittel②.
- Konstanter Dividendensatz bei zukünftigen höheren Gewinnen kann beibehalten werden.
- Umschichtung des Eigenkapitals (freies Eigenkapital in gebundenes Eigenkapital)
- Der Aktienkurs sinkt (= Kapitalverwässerung).

Dagegen:
- Liquiditätsabfluss, d.h. Substanzabfluss bei der Nettomethode
- Gratisaktien unterliegen
  - der Verrechnungssteuer, wenn Gewinnreserven verwendet werden.
  - der Emissionsabgabe vom Nennwert der Aktienkapitalerhöhung (Emission zu pari!),
  - bei der direkten Bundessteuer der Einkommenssteuer und
  - bei verschiedenen Kantonen der Einkommenssteuer.

2.29 Ordentliche Aktienkapitalerhöhung durch Ausgabe von Gratisaktien sowie Liberierung mit Verrechnung und Vermögenszugang

A

1		Aktionäre	/ Aktienkapital	200 000.–	
2		Freiwillige Gewinnreserven	/ Aktionäre	100 000.–	→ 65 %
3	a	Aktionärsdarlehen Tama SA	/ Aktionäre	60 000.–	↓
	b	Bank	/ Aktionäre	40 000.–	↓
4		Freiwillige Gewinnreserven	/ Bank	53 846.–	← 35 %

① Nettomethode; vergleiche Theorie Seite 31, Steuerrecht.
② Vergleiche Theorie Seite 31, Steuerrecht und Index ①.

B

Bilanz nach Kapitalerhöhung

Bank	186 154	Diverses Fremdkapital	200 000
Diverse Aktiven	900 000	Aktionärsdarlehen Tama SA	300 000
		Aktienkapital	400 000
		Gesetzliche Kapitalreserve	10 000
		Gesetzliche Gewinnreserve	30 000
		Freiwillige Gewinnreserven	146 154
	1 086 154		1 086 154

C

1 2 700.– (540 000.– / 200)

2 1 465.40 (586 154.– / 400)

D

	Anzahl Carmi-Aktien Total	Anzahl Carmi-Aktien Anteil Tama SA (75 %)	
Vor Aktienkapitalerhöhung	200	150	
Gratisaktien	100	75	
Ordentliche Aktienkapitalerhöhung	100	→ 60	Verrechnung
		→ 15	Resteinzahlung
Nach AK-Erhöhung	400	300	

E

1 Keine Buchungen für die Gratisaktien, da die Beteiligung höchstens zum Anschaffungswert (hier gleich Null) bilanziert werden darf (OR 960a/1).

	VST-Guthaben	/ Beteiligungsertrag oder Beteiligung	40 385.–①
2	Beteiligung	/ Darlehen Carmi SA	60 000.–
	Beteiligung	/ Bank	15 000.–

2.30 Abschluss und Gewinnverteilung bei einer Aktiengesellschaft sowie Ausgabe von Gratisaktien und Genussscheinen

A

1	Dividenden	/ Bank	650.–
2	Kasse	/ Maschinen	2 500.–
	Maschinen	/ Gewinn aus Verkauf von Anlagevermögen	2 500.–
3 a	Bank	/ Wareneinkauf	3 100.–
b	Ausserordentlicher Aufwand	/ Wareneinkauf	1 500.–
4	Wareneinkauf	/ Warenvorrat	15 000.–

① $\frac{\text{53 846.– · 75 Gratisaktien}}{\text{100 Gratisaktien}} = \text{40 385.–}$

B **Erfolgsrechnung mit Buchungen 1–4**

Warenaufwand	310400	Warenertrag	600000
Übriger betrieblicher Aufwand	500000	Übriger betrieblicher Ertrag	250000
Ausserordentlicher Aufwand	15500	Gewinn aus Verkauf von Anlagevermögen	2500
Jahresgewinn	51600	Ausserordentlicher Ertrag	25000
	877500		877500

C **Gewinnvortrag**

Zuwendung	30000	6000	AB
5% Dividende	20000	47000	Auszuweisender Jahresgewinn
SB	3000		

D 5 Warenaufwand / Warenvorrat 4600.–

E **Erfolgsrechnung mit Buchungen 1–5**

Warenaufwand	315000	Warenertrag	600000
Übriger betrieblicher Aufwand	500000	Übriger betrieblicher Ertrag	250000
Ausserordentlicher Aufwand	15500	Gewinn aus Verkauf von Anlagevermögen	2500
Jahresgewinn	47000	Ausserordentlicher Ertrag	25000
	877500		877500

F **Bilanz I vom 31. Dezember 20_1**

Umlaufvermögen		**Kurzfristiges Fremdkapital**		
Kasse, Post, Bank	180449	Verbindlichkeiten aus L+L		160300
Forderungen aus L+L	193000	Dividenden		3550
Warenvorrat	230400	**Langfristiges Fremdkapital**		
Anlagevermögen		Verbindlichkeiten gegenüber VE		200000
Maschinen	1	**Eigenkapital**		
Immobilien	590000	Aktienkapital		400000
		Gesetzliche Kapitalreserve		40000
		Gesetzliche Gewinnreserve		15000
		Freiwillige Gewinnreserven		322000
		Gewinnvortrag	6000	
		Jahresgewinn	47000	53000
	1193850			1193850

G

		Jahresgewinn	/ Gewinnvortrag	47 000.–	
1	a	Gewinnvortrag	/ Gesetzl. Gewinnres.	10 000.–	
	b	Gewinnvortrag	/ Verb. gegenüber VE	20 000.–	
	c	Gewinnvortrag	/ Dividende	20 000.–	(100 %)
	d	Dividende	/ Post	7 000.–	(35 %)
2	a	Aktionäre	/ Aktienkapital	300 000.–	Verpflichtung Nennwert
		Aktionäre	/ Agio	10 000.–	Verpflichtung Agio
	b	Freiwill. Gewinnreserven	/ Aktionäre	200 000.–	Lib.: Gratisaktien 400 St. · 500.– ⟶ 65 %
	c	Bank	/ Aktionäre	110 000.–	Lib.: Einzahlung 200 St. · 550.–
3		Keine Buchung			1400 Genussscheine nur mengenmässig erfassen ↓
4	a	Freiwill. Gewinnreserven	/ Bank	2 000.–	1 % Emissionsabgabe vom Nennwert
		Freiwill. Gewinnreserven	/ Bank	107 692.30	VST ⟵ 35 %
	b	Keine Buchung			Emissionsabgabe = 0.–
		Agio	/ Gesetzl. Kapitalres.	10 000.–	
	c	(A. o.) Finanzaufwand	/ Bank	4 200.–	Emissionsabgabe: 1 400 St. · 3.–
5		(A. o.) Finanzaufwand	/ Post	29 500.–	

H

4 a Bei der Ausgabe von Gratisaktien (= ohne Vermögenszugang) gibt es keine Freigrenze.

b Bei der Ausgabe von Aktien mit Vermögenszugang gibt es eine Freigrenze von CHF 1 000 000.–.

I Beim Aktionär

Gratisaktien:	Keine Buchung, da Anschaffungswert = 0.– ①		
Verrechnungssteuer:	VST-Guthaben	/ Wertschriftenertrag oder Wertschriftenbestand	2 692.30 ②

K Mögliche Durchlaufsbuchungen bei Aktiengesellschaft

Aktionäre	/ VST-Schuld	Verrechnungssteuerverpflichtung
Liquide Mittel	/ Aktionäre	Einzahlung durch Aktionär
VST-Schuld	/ Liquide Mittel	Überweisung durch AG

L Beim Aktionär

1	Genussscheine:	Keine Buchung, da Anschaffungswert = 0.– ①		
2	Gewinnanteil:	Liquide Mittel	/ Wertschriftenertrag	(65 %)
		VST-Guthaben	/ Wertschriftenertrag	(35 %)

① Die Wertanpassung erfolgt beim Jahresabschluss.

② $\frac{107\,692.30 \cdot 10}{400} = \underline{2\,692.30}$

M Genussscheine dienen zur Abgeltung von besonderen Verdiensten um die Gesellschaft, z. B. für
- Gründer (Gründervorteile),
- Gläubiger (für Forderungsverzicht oder Rangrücktritt bei Sanierung) und
- Mitarbeiter.

N Genussscheine verkörpern nur Vermögensrechte und keine Mitgliedschaftsrechte.
Sie können mit Ansprüchen versehen sein auf
- einen Anteil am Bilanzgewinn
- einen Anteil am Liquidationsergebnis
- den Bezug neuer Aktien oder PS.

O OR 657/1: In den Statuten müssen die Anzahl und die damit verbundenen Rechte stehen.

P

4	a	(Ausserordentlicher) Finanzaufwand / Bank	2000.–
	b	Als (ausserordentlichen) Finanzaufwand erfassen; hier jedoch =	0.–

2.31 Bedingte Aktienkapitalerhöhung und Ausgabe von unentgeltlichen Aktionärsoptionen (Call-Optionen)

A

1	a	Keine Buchung		
	b	(Ausserordentlicher) Finanzaufwand	/ Bank	18000.–
2		Bank	/ Aktienkapital	200000.– ①
		Bank	/ Gesetzliche Kapitalreserve	400000.– ①

Anmerkung
Bei der bedingten Aktienkapitalerhöhung braucht es kein Konto Aktionäre, weil die Aktien nicht gezeichnet werden. Werden Optionen vorgelegt, ist sogleich der Ausübungspreis zu bezahlen. Das Eigenkapital wird entsprechend erhöht.

B

1	(340.– – 300.–) / 10 =	4.–
2	(280.– – 300.–) / 10 = – 2.– ⟶	0.–

Der Börsenkurs der Option kann vom Inneren Wert abweichen. Dies vor allem wegen der Erwartung in die Aktienkursentwicklung während der restlichen Laufzeit (Zeitwert).

①

Total Emissionserlös	2000 Aktien • 300.–	600000.–
– Total Nominalwert	2000 Aktien • 100.–	200000.–
Agio		400000.–

C 1 um 3.– ([100.– – 70.–] / 10)

Kontrolle	vor Aktienkapitalerhöhung	nach Aktienkapitalerhöhung
Börsenkurs einer Aktie	400.–	370.–
Ausübungspreis	300.–	300.–
Innerer Wert von 10 Optionen	100.–	70.–

2 um 30.– (von 300 auf 270.–)

Kontrolle	vor Aktienkapitalerhöhung	nach Aktienkapitalerhöhung
Börsenkurs einer Aktie	400.–	370.–
Ausübungspreis	300.–	270.–
Innerer Wert von 10 Optionen	100.–	100.–

2.32 Kapitalerhöhung mit Kapitalband

A

1	Keine Buchung		
2	Beteiligungen	/ Aktienkapital	1 440 000.–①
	Beteiligungen	/ Agio	4 860 000.–②
3	(Ausserordentlicher) Finanzaufwand	/ Bank	71 500.–
4	Agio	/ Gesetzliche Kapitalreserve	4 860 000.–
5	Keine Buchung		

Anmerkung
Bei der Kapitalerhöhung mit Kapitalband braucht es kein Konto Aktionäre, da die neu emittierten Aktien sofort mit der Beteiligung liberiert werden.

B Es braucht einen Generalversammlungsbeschluss und einen wichtigen Grund. Die Übernahme von Beteiligungen ist gemäss OR ein wichtiger Grund.

C Auf Beschluss des Verwaltungsrates wird die Bestimmung über die Kapitalerhöhung mit Kapitalband aus den Statuten gestrichen.

① Für 1 Orakel-Aktie → 8 Alingus-Aktien
Für 90 000 Orakel-Aktien → 720 000 Alingus-Aktien
Aktienkapitalerhöhung bei der Alingus AG = 720 000 Aktien zu 2.– nom. = 1,44 Mio.

②
Übernahmepreis	6,30 Mio.
– Nennwert der Aktienkapitalerhöhung	1,44 Mio.
Aufgeld (Agio)	4,86 Mio.

2.33 Bedingte Aktienkapitalerhöhung für Optionen auf Mitarbeiteraktien

A

1	Keine Buchung			
2	Keine Buchung			
3	Bank	/ Aktienkapital	2500.–	AK-Erhöhung: 50 · 50.–
	Bank	/ Agio	37500.–	Agio: 50 · 750.–
	Lohnaufwand	/ Agio	10000.–	Bruttolohn ①
	Bank	/ Schuld gegenüber Ausgleichskasse	640.–	Arbeitnehmerbeitrag ①
	Sozialversicherungsaufwand	/ Schuld gegenüber Ausgleichskasse	640.–	Arbeitgeberbeitrag
4	Agio	/ Gesetzl. Kapitalreserve	47500.–	Übertrag Agio

B

3	Bank	/ Aktienkapital	2500.–	Kapitalerhöhung: 50 · 50.–
	Bank	/ Agio	37500.–	Agio: 50 · 750.–
	Lohnaufwand	/ Agio	10000.–	Nettolohn ②
	Lohnaufwand	/ Schuld gegenüber Ausgleichskasse	683.75	Arbeitnehmerbeitrag ②
	Sozialversicherungsaufwand	/ Schuld gegenüber Ausgleichskasse	683.75	Arbeitgeberbeitrag

①	50 Derivatus-Aktien zum Verkehrswert von 1000.–	50000.–		
	50 Derivatus-Aktien zum Ausübungspreis von 800.–	40000.–		
	AHV-pflichtiger Bruttolohn	10000.–	→	100 %
	Arbeitnehmerbeitrag	640.–	←	6,4 %
②	50 Derivatus-Aktien zum Verkehrswert von 1000.–	50000.–		
	50 Derivatus-Aktien zum Ausübungspreis von 800.–	40000.–		
	Nettolohn	10000.–	→	93,6 %
	AHV-pflichtiger Bruttolohn	10683.75	←	100 %
	Arbeitnehmerbeitrag	683.75	←	6,4 %

3 Obligationenanleihen

3.1 Vergleich Über pari- und Unter pari-Emission

A Variante I

1		Obligationäre	/ Obligationenanleihe	10 000 000.–	Zeichnung
		Liquide Mittel	/ Obligationäre	9 800 000.–	Liberierung
		Obligationendisagio	/ Obligationäre	200 000.–	Disagio
2	a	Finanzaufwand	/ Liquide Mittel	100 000.–	Jahreszins
	b	Finanzaufwand	/ Obligationendisagio	20 000.–	Disagioanteil
3		Obligationenanleihe	/ Liquide Mittel	10 000 000.– ①	Rückzahlung

Variante II

1		Obligationäre	/ Obligationenanleihe	10 000 000.–	Zeichnung
		Obligationäre	/ Obligationenagio	100 000.–	Agio
		Liquide Mittel	/ Obligationäre	10 100 000.–	Liberierung
2	a	Finanzaufwand	/ Liquide Mittel	125 000.–	Jahreszins
	b	Obligationenagio	/ Finanzaufwand	10 000.–	Agioanteil
3		Obligationenanleihe	/ Liquide Mittel	10 000 000.–	Rückzahlung

B

Variante I:	120 000.–
Variante II:	115 000.–

C

Variante I:	A. o. Finanzaufwand	/ Obligationäre	200 000.–
Variante II:	Obligationäre	/ A. o. Finanzertrag	100 000.–

D Variante I: 1,22 %

$$R = 100 \cdot \left(\frac{\text{Jahreszins} + \left(\frac{\text{Rückzahlungspreis} - \text{Emissionspreis}}{\text{Laufzeit}} \right)}{\text{Emissionspreis}} \right)$$

$$R = 100 \cdot \left(\frac{1 + \left(\frac{100 - 98}{10} \right)}{98} \right)$$

Variante II: 1,14 %

$$R = 100 \cdot \left(\frac{1{,}25 + \left(\frac{100 - 101}{10} \right)}{101} \right)$$

① Darin ist die Zahlung von CHF 70 000.– Verrechnungssteuer (35 % vom Obligationendisagio CHF 200 000.–) enthalten.
Siehe Abschnitt 33, Gewöhnliche Obligationenanleihe.

3.2 Emission und Rückzahlung einer Anleihe und Zinszahlung

A

1	a	Bank	/ Obligationenanleihe	29 250 000.–
	b	Obligationendisagio	/ Obligationenanleihe	150 000.–
	c	Anleihensemissionskosten	/ Obligationenanleihe	600 000.–
2		Anleihensemissionskosten	/ Bank	390 000.–
3	a	Finanzaufwand	/ Passive Rechnungsabgrenzung	525 000.–
	b	Finanzaufwand	/ Obligationendisagio	7 500.–
	c	Finanzaufwand	/ Anleihensemissionskosten	49 500.– ①
4		Passive Rechnungsabgrenzung	/ Finanzaufwand	525 000.–
5		Finanzaufwand	/ Fällige Obligationenzinsen	1 050 000.–
6		Fällige Obligationenzinsen	/ Bank	367 500.–
7		Fällige Obligationenzinsen	/ Bank	637 000.–
		Finanzaufwand	/ Bank	4 900.–
8	a	Finanzaufwand	/ Obligationendisagio	7 500.–
	b	Finanzaufwand	/ Anleihensemissionskosten	49 500.–
	c	Obligationenanleihe	/ Fällige Obligationenanleihe	30 000 000.–
	d	Finanzaufwand	/ Fällige Obligationenzinsen	1 050 000.–
	e	Fällige Obligationenzinsen	/ Übrige kurzfr. Verbindlichkeiten	367 500.–
	f	Fällige Obligationenzinsen	/ Übrige kurzfr. Verbindlichkeiten	52 500.– ②

B

1	Obligationen:	10 Jahre nach Fälligkeit (OR 127)
2	Obligationenzinsen:	5 Jahre nach Fälligkeit (OR 128)

C

1 Verjährte Obligationen:
Ja, weil es sich um einen «Schuldenerlass» handelt.
Verjährte Obligationenzinsen:
Ja, weil sie seinerzeit bei Fälligkeit als Aufwand verbucht wurden und den Jahresgewinn schmälerten.

2	Fällige Obligationenanleihe	/ Ausserordentlicher Finanzertrag	(100 %)
	Fällige Obligationenzinsen	/ Ausserordentlicher Finanzertrag	(65 %)

① (600 000 + 390 000) / 10 / 2 = 49 500.–
② 35 % von ([100 % – 99,5 %] von 30 Mio.) = 52 500.–; vergleiche auch 1b.

3.3 Rückzahlung einer fälligen und Aufnahme einer neuen Anleihe

A

1	a	5% Anleihe	/ Fällige 5% Anleihe	5000000.–
	b	Finanzaufwand	/ Fällige Obligationenzinsen	250000.–
2		Fällige Obligationenzinsen	/ Post	87500.–
3		Bank	/ 4% Anleihe	15000000.–
		Bank	/ Obligationenagio	70500.–①
4		Fällige Obligationenzinsen	/ Bank	159250.–
5	a	Anleihensemissionskosten	/ Bank	130800.–
	b	Obligationenagio	/ Anleihensemissionskosten	70500.–
6		Fällige 5% Anleihe	/ Bank	4900000.–②
7	a	Finanzaufwand	/ Passive Rechnungsabgrenzung	100000.–③
	b	Finanzaufwand	/ Anleihensemissionskosten	1675.–④

B Als Aufwand zu Lasten der laufenden Erfolgsrechnung erfassen.

① Obligationenagio = 2,0% von 15,0 Mio. = 300000.–
Kommission = 1,5% von 15,3 Mio. = 229500.–
Restliches Obligationenagio 70500.–

② Die restlichen CHF 100000.– werden später bezogen.

③ $\frac{15 \text{ Mio.} \cdot 4 \cdot 2}{100 \cdot 12} = 100000.–$

④ $\frac{(130800 - 70500) \cdot 2}{6 \cdot 12} = 1675.–$

3.4 Indexierte Obligationenanleihe

A

Finanzaufwand	/ Rückstellung für Obligationenanleihe	20000.–
Finanzaufwand	/ Rückstellung für Obligationenanleihe	30000.–

B 120000.– (12% von 1 Mio.)

C

1	Finanzaufwand	/ Flüssige Mittel	26000.–
	Finanzaufwand	/ Übrige kurzfr. Verbindlichkeiten	14000.–
2	Obligationenanleihe	/ Flüssige Mittel	1000000.–
	Rückstellung für Obligationenanleihe	/ Flüssige Mittel	71500.–①
	Rückstellung für Obligationenanleihe	/ Übrige kurzfr. Verbindlichkeiten	38500.–②
	Rückstellung für Obligationenanleihe	/ Finanzaufwand	10000.–③
3	Übrige kurzfristige Verbindlichkeiten	/ Flüssige Mittel	52500.–

3.5 Rückkauf eigener Obligationen

A

1	Obligationenanleihe	/ Bank	578500.–
	Finanzaufwand	/ Bank	7000.–
	Obligationenanleihe	/ (A.o.) Finanzertrag	21500.–
2	Wertschriftenbestand	/ Bank	578500.–
	Wertschriftenertrag	/ Bank	7000.–

B

Obligationenanleihe	/ Wertschriftenbestand	578500.–
Obligationenanleihe	/ Wertschriftenertrag oder (A.o.) Finanzertrag	21500.–
Finanzaufwand	/ Wertschriftenertrag	21000.–④

① 65% von (11% von 1 Mio.) = 71500.–
② 35% von (11% von 1 Mio.) = 38500.–
③ 1% von 1 Mio. = 10000.–
④ Fälliger Jahreszins: 3,5% von 600000.– = 21000.–

3.6 Wandelanleihe mit Zuzahlung und zwei Varianten für die Bereitstellung der Beteiligungspapiere

A

	Nennwert Obligation	5 000.–
+	Zuzahlung	100.–
	Wandelpreis	5 100.–
–	Nennwert einer Aktie	500.–
	Agio je Aktie	4 600.–

B

Bank	/ Wandelanleihe	10 000 000.–

C

Variante I

Keine Buchung

Variante II

Eigene Aktien	/ Bank	1 440 000.–

D

Variante I

Wandelanleihe	/ Aktienkapital	90 000.–	180 Aktien① ·	500.–	nom.
Wandelanleihe	/ Gesetzl. Kapitalreserve	810 000.–	180 Aktien ·	4 500.–	Agio
Bank	/ Gesetzl. Kapitalreserve	18 000.–	180 Aktien ·	100.–	Agio

Variante II

Wandelanleihe	/ Eigene Aktien	900 000.–	180 Obli. ·	5 000.–	nom.
Eigene Aktien	/ Finanzertrag②	36 000.–	180 Aktien ·	200.–	
Bank	/ Finanzertrag②	18 000.–	180 Aktien ·	100.–	

① 900 000.– / 5 000.– = 180 Aktien

② Erfolgsunwirksame Erfassung gemäss HWP auch möglich.
Buchungen: Eigene Aktien / Gesetzliche Kapitalreserve 36 000.–
Bank / Gesetzliche Kapitalreserve 18 000.–

3.7 **Wandelanleihe mit Zuzahlung**

Bedingte Aktienkapitalerhöhung

A

1	a	Bank	/ Wandelanleihe	29 700 000.–
	b	(A. o.) Finanzaufwand	/ Wandelanleihe	300 000.–
2	a	Keine Buchung		
	b	(A. o.) Finanzaufwand	/ Bank	5 640.–
3	a	Wandelanleihe	/ Aktienkapital	500 000.–
		Wandelanleihe	/ Agio	2 500 000.–
		Bank	/ Agio	60 000.–
		Agio	/ Gesetzliche Kapitalreserve	2 560 000.–
	b	(A. o.) Finanzaufwand	/ Bank	31 760.–

B Berechnung der Emissionsabgabe

	1000 Wandelobligationen zu 3 000.– nom.	3 000 000.–		
+	Barzuzahlungen der Obligationäre	60 000.–		
–	Aktienemissionskosten (5 640.– + 1534.–)	7 174.–		
=	Über pari-Ausgabepreis abzüglich Emissionskosten	3 052 826.–	⟶	101 %
–	Emissionsabgabepflichtiger Betrag	3 022 600.–	⟵	100 %
=	Emissionsabgabe	30 226.–	⟵	1 %

C OR 653f: Prüfungsbestätigung durch einen zugelassenen Revisionsexperten
OR 653g: Anpassung der Statuten

D OR 653i: Statutenbestimmungen über die bedingte Kapitalerhöhung aufheben.

3.8 Wandelanleihe mit Verwässerungsschutz

Bedingte Aktienkapitalerhöhung

A

1	a	Bank K	/ 5 % Wandelanleihe	39 200 000.–	Übernahme
	b	Obligationendisagio	/ 5 % Wandelanleihe	800 000.–	Disagio bzw. Übernahmekommission
2	a	Keine Buchung			
	b	(A.o.) Finanzaufwand	/ Post	4 700.–	Kosten für bedingte Aktienkapitalerhöhung
3	a	Finanzaufwand	/ Passive Rechnungsabgr.	500 000.–	Marchzins
	b	Finanzaufwand	/ Obligationendisagio	20 000.–	Disagioanteil
4		5 % Wandelanleihe	/ Aktienkapital	400 000.–	Aktien: 2 000 · 200.–
		5 % Wandelanleihe	/ Agio	3 600 000.–	Agio: 2 000 · 1 800.–①
		Agio	/ Gesetzl. Kapitalreserve	3 600 000.–	
5	a	(A. o.) Finanzaufwand	/ Post	1 760.–	Übrige Aktienemissionskosten
	b	(A. o.) Finanzaufwand	/ Post	39 540.–	Emissionsabgabe
6	a	Finanzaufwand	/ Passive Rechnungsabgr.	450 000.–	Marchzins
	b	Finanzaufwand	/ Obligationendisagio	80 000.–	Ordentlicher Disagioanteil
	c	(A. o.) Finanzaufwand	/ Obligationendisagio	70 000.–②	Restliches Disagio für 1000 gewandelte Obligationen

B Berechnung der Emissionsabgabe

	1000 Wandeloblig. zu 4 000.– nom.	4 000 000.–		
–	Übrige abziehbare Emissionskosten (4 700.– + 1 760.–)	6 460.–		
=	Ausgabepreis abzüglich übrige Emissionskosten	3 993 540.–	⟶	101%
–	Steuerbarer Betrag	3 954 000.–	⟵	100 %
=	Emissionsabgabe	39 540.–	⟵	1%

C

1 Kurs sinkt um 2 · 80.–, d. h. um 160.– = 4 % (vom Nennwert)

2 OR 653d/2: z. B. Wandelpreis herabsetzen.
Neue Wandelbedingungen:
Für eine Wandelobligation erhält man zwei Aktien und CHF 160.– in bar ausbezahlt.

①

	Wandelpreis für 2 Aktien	4 000.–	
–	Nennwert 2 Aktien	400.–	(2 · 200.– nom.)
	Agio für 2 Aktien	3 600.–	
	Agio für 1 Aktie	1 800.–	

② Disagio für 1 000 Wandeloblig. = 2 % von 4 Mio. = 80 000.–

Bereits abgeschrieben		
20_6 für 3 Monate	2 000.–	
20_7 für 1 Jahr	8 000.–	–10 000.–
Restliches Disagio für 1 000 Wandelobligationen		70 000.–

D	5 % Wandelanleihe	/ Aktienkapital	400 000.–	Aktien:	2 000 · 200.–
	5 % Wandelanleihe	/ Agio	3 600 000.–	Agio:	2 000 · 1 800.–
	Agio	/ Bank K	350 000.–	Auszahlung:	1 000 · 350.–
	Agio	/ Gesetzl. Kapitalreserve	3 250 000.–		

E Wandelbedingungen:
1 Wandelobligation zu CHF 4 000.– nom. für 2 Aktien zu je CHF 200.– nom.

Wandelpreis je Aktie:
CHF 4 000.– / 2 = CHF 2 000.–

F $\frac{(2000.– – 1850.–) \cdot 100}{1850.–} = 8{,}11\,\%$

3.9 **Wandelanleihe**
Bedingte Aktienkapitalerhöhung sowie Erwerb eigener Aktien am Markt

1	a	Bank	/ Wandelanleihe	9 950 000.–
	b	(A. o.) Finanzaufwand	/ Wandelanleihe	50 000.–
2		Keine Buchung		
3		Eigene Aktien	/ Bank	450 000.–
4		Wandelanleihe	/ Aktienkapital	150 000.–
		Wandelanleihe	/ Gesetzliche Kapitalreserve	7 350 000.–
5		Wandelanleihe	/ Eigene Aktien	250 000.–
		Eigene Aktien	/ Finanzertrag ①	25 000.–
6	a	Wandelanleihe	/ Fällige Wandelanleihe	2 250 000.–
	b	Fällige Wandelanleihe	/ Bank	2 250 000.–
	c	Finanzaufwand	/ Fällige Obligationenzinsen	45 000.–
	d	Fällige Obligationenzinsen	/ Bank	29 250.–
		Fällige Obligationenzinsen	/ Bank	15 750.–

① Erfolgsunwirksame Erfassung gemäss HWP auch möglich:
Buchung: Eigene Aktien / Gesetzliche Kapitalreserve 25 000.–

3.10 **Wandelanleihe mit Put-Option**

Bedingte Aktienkapitalerhöhung

A

1	Finanzaufwand	/ Anleihensemissionskosten	1 200 000.–	
2	Finanzaufwand	/ Passive Rechnungsabgrenz.	900 000.– ①	

B

1	Finanzaufwand	/ Fällige Zinsen	2 088 000.–	34 800 · 60.– (= 100 %)
2	Fällige Zinsen	/ Übrige kfr. Verbindlichkeiten	730 800.–	35 % von 2 088 000.–
3	Fällige Zinsen	/ Bank	1 345 500.–	34 500 · 39.– (= 65 %)

C

Wandelanleihe	/ Aktienkapital	180 000.–	1800 · 100.–
Wandelanleihe	/ Gesetzliche Kapitalreserve	5 220 000.–	1800 · 2900.–
Bank	/ Gesetzliche Kapitalreserve	225 000.–	1800 · 125.–

D 3200.– – 3125.– = <u>75.–</u>

E Prämie 12 % von (9700 · 3000.–) = <u>3 492 000.–</u>

(A. o.) Finanzaufwand	/ Rückstellung	3 492 000.–

F

Wandelanleihe	/ Bank	29 100 000.–	9700 · 3000.–
Rückstellung	/ Übrige kfr. Verbindlichkeiten	1 222 200.–	35 % von 3 492 000.–
Rückstellung	/ Bank	2 269 800.–	65 % von 3 492 000.–

① Marchzins $= \frac{120 \text{ Mio.} \cdot 2 \cdot 135}{100 \cdot 360} = \underline{0{,}9 \text{ Mio.}}$

3.11 Optionsanleihe mit zwei Varianten für die Bereitstellung der Beteiligungspapiere

A

Ausübungspreis	620.–
– Nennwert einer Aktie	200.–
Agio je Aktie	420.–

B

Bank	/ Optionsanleihe	10000000.–

C

Variante I

Keine Buchung

Variante II

Eigene Aktien	/ Bank	732000.–

D

Variante I

Bank	/ Aktienkapital	200000.–	1000 Aktien · 200.– nom.
Bank	/ Gesetzliche Kapitalreserve	420000.–	1000 Aktien · 420.– Agio

Variante II

Bank	/ Eigene Aktien	620000.–	1000 Aktien · 620.–
Eigene Aktien	/ Finanzertrag ①	10000.–	1000 Aktien · 10.–

① Erfolgsunwirksame Erfassung gemäss HWP auch möglich:
Buchung: Eigene Aktien / Gesetzliche Kapitalreserve 10000.–

3.12 Optionsanleihe
Bedingte Partizipationskapitalerhöhung

A

1		Bank G	/ 4% Optionsanleihe	10000000.–	
2		Keine Buchung			
3	a	Bank G	/ Partizipationskapital	30000.–①	Nennwert
		Bank G	/ Gesetzliche Kapitalreserve	90000.–②	Agio
	b	(A. o.) Finanzaufwand	/ Post	1180.–	

B

Berechnung der Emissionsabgabe

	Über pari-Ausgabepreis = 300 Optionsscheine • 400.–	120000.–	
–	Abzugsberechtigte Emissionskosten	820.–	
=	Über pari-Ausgabepreis abzüglich Emissionskosten	119180.– ⟶	101%
–	Über pari-Ausgabepreis exkl. Emissionsabgabe	118000.– ⟵	100%
=	Emissionsabgabe	1180.– ⟵	1%

3.13 Optionsanleihe
Bedingte Aktienkapitalerhöhung

1	a	Bank	/ Optionsanleihe	8730000.–
	b	Anleihensemissionskosten	/ Optionsanleihe	180000.–
		Obligationendisagio	/ Optionsanleihe	90000.–
2		Keine Buchung		
3	a	Optionsanleihe	/ Aktienkapital	15000.–③
		Optionsanleihe	/ Gesetzliche Kapitalreserve	30000.–④
	b	Wertschriften	/ Aktienkapital	60000.–⑤
		Wertschriften	/ Gesetzliche Kapitalreserve	120000.–⑥
4		Bank	/ Aktienkapital	10000.–
		Bank	/ Gesetzliche Kapitalreserve	20000.–

① 300 Optionsscheine ⟶ 1500 PS zu CHF 20.– nom.
② 1500 PS • CHF 60.– Agio = 90000.–
③ CHF 45000.– / CHF 750.– = 60 Obligationen
60 Obligationen zu CHF 250.– Nennwert (je Aktie) = 15000.–
④ 60 Obligationen zu CHF 500.– Agio = 30000.–
⑤ CHF 180000.– / CHF 750.– = 240 Obligationen
240 Obligationen zu CHF 250.– Nennwert (je Aktie) = 60000.–
⑥ 240 Obligationen zu CHF 500.– Agio = 120000.–

3.14 **Optionsanleihe mit Über pari-Rückzahlung**
Bedingte Aktienkapitalerhöhung

A

1		Bank G	/ 4 % Optionsanleihe	10 000 000.–	
2		Keine Buchung			
3		Bank G	/ Aktienkapital	20 000.–①	Nennwert
		Bank G	/ Gesetzl. Kapitalreserve	60 000.–②	Agio
4		Keine Buchung			
5	a	4 % Optionsanleihe	/ Fällige Optionsanleihe	10 000 000.–	Anleihe
	b	(A.o.) Finanzaufwand	/ Fällige Obligationenzinsen	200 000.–	2 % Prämie
	c	Finanzaufwand	/ Fällige Obligationenzinsen	400 000.–	4 % Coupons
6		Fällige Obligationenzinsen	/ Post	210 000.–	35 % von 600 000.–
7	a	Fällige Optionsanleihe	/ Bank G	9 500 000.–	1 900 · 5 000.– nom.
	b	Fällige Obligationenzinsen	/ Bank G	123 500.–	65 % von 190 000.–
	c	Fällige Obligationenzinsen	/ Bank G	247 000.–	65 % von 380 000.–

B Er wird die Statutenbestimmungen über die bedingte Kapitalerhöhung aufheben, nachdem ein zugelassener Revisionsexperte bestätigt hat, dass die Optionsrechte erloschen sind.

C

Börsenkurs der Namenaktie		+520.–
– Emissionspreis	400.–	
– Verlust auf Obligation	350.– ③	–750.–
Verlust		230.–

① 200 Stück · CHF 100.– nom. = 20 000.–
② 200 Stück · CHF 300.– Agio = 60 000.–
③ (101 % – 94 %) von 5 000.– = 350.–

4 Umwandlung der Rechtsform

4.1 Umwandlung eines Einzelunternehmens in eine Kollektivgesellschaft

A

1	Warenvorrat	/ Bewertungsdifferenzen	25 000.–
2	Bewertungsdifferenzen	/ WB Forderungen aus L+L	5 000.–
3	Bewertungsdifferenzen	/ Geschäftseinrichtung	2 000.–
4	Eigenkapital	/ Wertschriften	1 500.–
5	Bewertungsdifferenzen	/ Eigenkapital	18 000.–

Bewertungsdifferenzen

	Soll	Haben	
2	5 000	25 000	1
3	2 000		
5	18 000		

B

Übergabebilanz Einzelunternehmen Graf

Aktiven			Passiven	
Umlaufvermögen			**Kurzfristiges Fremdkapital**	
Kasse, Post		5 200	Verbindlichkeiten aus L+L	37 400
Wertschriften		7 000	Passive Rechnungsabgrenzung	1 200
Forderungen aus L+L	47 300		**Langfristiges Fremdkapital**	
WB Ford. aus L+L	– 5 000	42 300	Darlehen von Frei	60 000
Warenvorrat		140 000	**Eigenkapital**	
Anlagevermögen			Eigenkapital	101 900
Geschäftseinrichtung		6 000		
		200 500		200 500

C

6	a	Eigenkapital	/ Kapital Graf	100 000.–
	b	Einbringungskonto Frei	/ Kapital Frei	75 000.–
7		Eigenkapital	/ Post	1 900.–
8	a	Darlehen von Frei	/ Einbringungskonto Frei	60 000.–
		Passive Rechnungsabgrenzung	/ Einbringungskonto Frei	1 200.–
	b	Post	/ Einbringungskonto Frei	10 000.–
	c	Privat Frei	/ Einbringungskonto Frei	3 800.–

D **Eröffnungsbilanz Kollektivgesellschaft Graf & Frei**

Umlaufvermögen			**Kurzfristiges Fremdkapital**	
Kasse, Post		13300	Verbindlichkeiten aus L+L	37400
Wertschriften		7000		
Forderungen aus L+L	47 300		**Eigenkapital**	
WB Ford. aus L+L	– 5 000	42300	Kapital Graf	100000
Privat Frei ①		3800	Kapital Frei	75000
Warenvorrat		140000		
Anlagevermögen				
Geschäftseinrichtung		6000		
		212400		212400

E

6 a	Einbringungskonto Graf	/ Kapital Graf	100000.–
b	Einbringungskonto Frei	/ Kapital Frei	75000.–
7	Diverse Aktiven	/ Einbringungskonto Graf	200500.–
	Einbringungskonto Graf	/ Diverses Fremdkapital	98600.–
	Einbringungskonto Graf	/ Post	1900.–
8	Wie bei **C**		

F Einkommenssteuer und AHV auf den aufgelösten stillen Reserven netto von CHF 18000.– (= Saldo Konto Bewertungsdifferenzen) und evtl. auf der Differenz zwischen einem allfällig höheren Verkehrswert und tieferem Buchwert der Wertschriften infolge Überführung ins Privatvermögen.

4.2 Gründung einer GmbH durch Vereinigung zweier Einzelunternehmen

A

1 Bei Grünig

1	Bewertungsdiff.	/ Warenvorrat	50
2	Bewertungsdiff.	/ WB Forderungen aus L + L	13
3	Mobilien	/ Bewertungsdiff.	30
4	Wertschriften	/ Bewertungsdiff.	15
	Eigenkapital	/ Wertschriften	150
5	ARA	/ Bewertungsdiff.	2
6	Eigenkapital	/ Kasse	10
	Eigenkapital	/ Post	30
7	Keine Buchung		
8	Eigenkapital	/ Bewertungsdiff.	16

2 Bei Wenger

1	Warenvorrat	/ Eigenkapital	100
2	Eigenkapital	/ WB Forderungen aus L + L	18
5	Eigenkapital	/ PRA	2

① Kann auch im Eigenkapital bei Kapital Frei als Minusposten ausgewiesen werden.

B

Bewertungsdifferenzen

	Soll	Haben	
1	50	30	3
2	13	15	4
		2	5
		16	8

Eigenkapital (Grünig)

	Soll	Haben	
4	150	960	AB
6	10		
6	30		
8	16		
SB	754		

Eigenkapital (Wenger)

	Soll	Haben	
2	18	580	AB
5	2	100	1
SB	660		

C Siehe bei **E**.

D

9	Einbringungskonto Grünig	/ Stammkapital	600
	Einbringungskonto Grünig	/ Agio	60
	Einbringungskonto Wenger	/ Stammkapital	600
	Einbringungskonto Wenger	/ Agio	60
10	Diverse Aktiven	/ Einbringungskonto Grünig	894
	Einbringungskonto Grünig	/ Verbindlichkeiten aus L+L	140
11	Einbringungskonto Grünig	/ Darlehen von Gesellschafter Grünig	94
12	Diverse Aktiven	/ Einbringungskonto Wenger	872
	Einbringungskonto Wenger	/ Diverses Fremdkapital	212
13	Darlehen von Grünig	/ Darlehen an Wenger	100
	Passive Rechnungsabgrenzung	/ Aktive Rechnungsabgrenzung	2
14	Bank in A	/ Bank in A	20
15	Agio	/ Gesetzliche Kapitalreserve	120

E Übergabebilanzen der Einzelunternehmen und Eröffnungsbilanz der GmbH

Konten	Aktiven			Passiven		
	Grünig	Wenger	GmbH	Grünig	Wenger	GmbH
Kasse		15	15			
Post		45	45			
Bank in A	70		50			
Wertschriften	165		165			
Forderungen aus L+L	130	180	310			
WB Forderungen aus L+L	– 13	– 18	– 31			
Aktive Rechnungsabgrenzung	2					
Warenvorrat	400	600	1 000			
Darlehen an Wenger	100					
Mobilien	40	50	90			
Verbindlichkeiten aus L+L				140	90	230
Bank in A					20	
Passive Rechungsabgrenzung					2	
Darlehen von Grünig					100	
Darlehen von Gesellschafter Grünig						94
Eigenkapital				754	660	
Stammkapital						1 200
Gesetzliche Kapitalreserve						120
	894	872	1 644	894	872	1 644

4.3 Umwandlung einer Kollektivgesellschaft in ein Einzelunternehmen

A

1	a	WB Liegenschaft	/ Liegenschaft	20000.–
	b	Liegenschaft	/ Bewertungsdifferenzen	50000.–
2		Mobilien	/ Bewertungsdifferenzen	6680.–
3		Goodwill	/ Kapital Huber	10000.–
4		Warenvorrat	/ Bewertungsdifferenzen	15000.–
5		Bewertungsdifferenzen	/ WB Darlehen	3000.– = 60 %
6		WB Forderungen aus L+L	/ Bewertungsdifferenzen	1000.– ①
7		Forderungen aus L+L	/ Bewertungsdifferenzen	320.– ②
8	a	Bewertungsdifferenzen	/ Privat Huber	42000.–
		Bewertungsdifferenzen	/ Privat Stähli	28000.–
	b	Privat Huber	/ Kapital Huber	40000.–
		Privat Stähli	/ Kapital Stähli	36000.–

B

Bewertungsdifferenzen

	5	3000	50000	1b	
			6680	2	
			15000	4	
			1000	6	
	S	70000	320	7	
			70000		[= 5 Teile]
[3 Teile]	8a	42000			
[2 Teile]	8a	28000			

		Ausgangslage	Neue Situation
①	Forderung gegenüber X	3000.–	3000.–
–	Übernahmewert	0.–	1000.–
	Wertberichtigung Forderungen aus L+L	3000.–	2000.–
	Bewertungsdifferenz		1000.–

		CHF	
②	Total Kundenguthaben	43000.–	
–	Kundenguthaben Schweiz	29800.–	
=	Kundenguthaben Belgien alt	13200.–	
	Kundenguthaben Belgien neu	13520.–	(EUR 12500.– zu 1.0816)
	Kursgewinn	320.–	

C

Auseinandersetzungsbilanz der Kollektivgesellschaft

Umlaufvermögen			**Kurzfristiges Fremdkapital**	
Kasse, Post, Bank		46 000	Verbindlichkeiten aus L+L	48 000
Wertschriften		17 000	**Langfristiges Fremdkapital**	
Forderungen aus L+L	43 320		Hypotheken	100 000
WB Ford. aus L+L	– 4 000	39 320		
Darlehen (kurzfristig)	5 000		**Eigenkapital**	
WB Darlehen (kfr.)	– 3 000	2 000	Kapital Huber	200 000
Warenvorrat		90 000	Kapital Stähli	136 000
Anlagevermögen				
Mobiliar		9 680		
Liegenschaft		270 000		
Goodwill		10 000		
		484 000		484 000

D

9	Kapital Huber	/ Hypotheken	100 000.–
10	Kapital Huber	/ Hypotheken	60 000.–
11	Kapital Huber	/ Forderungen aus L+L	3 000.–
	WB Forderungen aus L+L	/ Kapital Huber	2 000.–
12	Kapital Huber	/ Wertschriften	12 000.–
13	Kapital Huber	/ Bank	27 000.–

E

Kapital Huber

9	100 000	200 000	AB
10	60 000		
11	3 000	2 000	11
12	12 000		
13	27 000		

Kapital Stähli	/ Eigenkapital	136 000.–

F

Eröffnungsbilanz Einzelunternehmen Stähli

Umlaufvermögen			**Kurzfristiges Fremdkapital**	
Kasse, Post, Bank		19 000	Verbindlichkeiten aus L+L	48 000
Wertschriften		5 000	**Langfristiges Fremdkapital**	
Forderungen aus L+L	40 320		Hypotheken	260 000
WB Ford. aus L+L	– 2 000	38 320		
Darlehen (kurzfristig)	5 000		**Eigenkapital**	
WB Darlehen (kfr.)	– 3 000	2 000	Eigenkapital	136 000
Warenvorrat		90 000		
Anlagevermögen				
Mobiliar		9 680		
Liegenschaft		270 000		
Goodwill		10 000		
		444 000		444 000

4.4 Umwandlung eines Einzelunternehmens in eine Aktiengesellschaft mit Verbuchung der Neubewertung

A

1	a	Eigenkapital	/ Liegenschaften	320
	b	Hypotheken	/ Eigenkapital	200
2	a	Wertschriften	/ Bewertungsdifferenzen	2
	b	Bewertungsdifferenzen	/ WB Forderungen aus L+L	2
	c	Wertberichtigung Warenvorrat	/ Bewertungsdifferenzen	14
	d	Mobilien	/ Bewertungsdifferenzen	23
3		Goodwill	/ Bewertungsdifferenzen	20
4		Bewertungsdifferenzen	/ Passive Rechnungsabgrenzung	2
5		Keine Buchung		
6		Bewertungsdifferenzen	/ Eigenkapital	55

B

Bewertungsdifferenzen

2b	2	2	2a
4	2	14	2c
		23	2d
S6	55	20	3

Eigenkapital

1a	320	141	AB
		200	1b
SB	76	55	6

C

Übergabebilanz des Einzelunternehmens

Umlaufvermögen			Kurzfristiges Fremdkapital	
Liquide Mittel		14	Verbindlichkeiten aus L+L	68
Wertschriften		22	Passive Rechnungsabgrenzung	2
Forderungen aus L+L	52		Langfristiges Fremdkapital	
WB Ford. aus L+L	– 2	50	Darlehen Güntert	50
Warenvorrat	62		Eigenkapital	
WB Warenvorrat	– 7	55	Eigenkapital	76
Anlagevermögen				
Mobilien		35		
Goodwill		20		
		196		196

D

7 a	Aktionär Helbling	/ Aktienkapital	50
b	Übrige Aktionäre	/ Aktienkapital	50
	Übrige Aktionäre	/ Agio	10
8 a	Diverse Aktiven	/ Aktionär Helbling	196
b	Aktionär Helbling	/ Diverses Fremdkapital	120
c	Aktionär Helbling	/ Aktionärsdarlehen	20
d	Aktionär Helbling	/ Liquide Mittel	6
9	Darlehen	/ Übrige Aktionäre	24
	Darlehen	/ Aktionärsdarlehen	26
10	Liquide Mittel	/ Übrige Aktionäre	36
11 a	Agio	/ Liquide Mittel	6
b	Agio	/ Gesetzliche Kapitalreserve	4

E

Aktionär Helbling

7a	50	196	8a
8b	120		
8c	20		
8d	6		
	196	196	

Übrige Aktionäre

7b	50	24	9
7b	10	36	10
	60	60	

Agio

11a	6	10	7b
11b	4		
	10	10	

F

Gründungsbilanz der Aktiengesellschaft

Umlaufvermögen			**Kurzfristiges Fremdkapital**	
Liquide Mittel		38	Verbindlichkeiten aus L+L	68
Wertschriften		22	Passive Rechnungsabgrenzung	2
Forderungen aus L+L	52		**Langfristiges Fremdkapital**	
WB Ford. aus L+L	– 2	50	Aktionärsdarlehen	46
Warenvorrat	62		**Eigenkapital**	
WB Warenvorrat	– 7	55	Aktienkapital	100
Anlagevermögen			Gesetzliche Kapitalreserve	4
Mobilien		35		
Goodwill		20		
		220		220

G Einkommenssteuer- und AHV-pflichtige Beträge:

- Saldo Bewertungsdifferenzen und
- Evtl. stille Reserven auf der Liegenschaft infolge Überführung ins Privatvermögen

H Weil es ein gekaufter (derivativer) Goodwill ist.

I Rechtfertigung Emissionsagio:

- Einkauf in
  - weitere stille Reserven oder
  - den zusätzlichen Goodwill, der nicht ausgewiesen werden soll.
- Verhandlungsstärke von Helbling

K Lösungsvarianten:

	Helbling I	Helbling II	Übrige Aktionäre I	Übrige Aktionäre II
Anzahl Aktien	200①	1 000①	50	250
Aktiennennwerte	250.–	50.–	1 000.–	200.–
Aktienkapitalanteil	50 000.–		50 000.–	

① = Stimmrechtsaktien

In den Statuten der Helbling AG muss erwähnt werden, dass jede Aktie unabhängig vom Nennwert eine Stimme hat (OR 693).
Weitere Varianten sind möglich. Wichtig ist, dass die Anzahl Aktien immer ein Verhältnis von 4 : 1 aufweist.

4.5 Umwandlung eines Einzelunternehmens in eine Aktiengesellschaft ohne Verbuchung der Neubewertung

A

1	Eigenkapital	/ Wertschriften	50
2	Eigenkapital	/ Liegenschaft	165
3	Hypotheken	/ Eigenkapital	100

B

Übergabebilanz des Einzelunternehmens zu Buchwerten

Umlaufvermögen			**Kurzfristiges Fremdkapital**	
Kasse		10	Verbindlichkeiten aus L+L	147
Post		38	Anzahlung von Kunden	80
Forderungen aus L+L	380		Bank	439
WB Ford. aus L+L	– 43	337	Passive Rechnungsabgrenzung	36
Warenvorrat		360		
Aktive Rechnungsabgrenzung		17	**Langfristiges Fremdkapital**	
			Hypotheken	265
Anlagevermögen				
Maschinen/Mobiliar	460		**Eigenkapital**	
WB Maschinen/Mobiliar	–290	170	Eigenkapital	445
Liegenschaften		480		
		1 412		1 412

C Berechnung des Aufgeldes von Egli

a) Warenvorrat

Inventarwert (100 %)	540	
10 % Abschreibung	– 54	
Bewertung für Aufgeld	486	
Buchwert (66 2/3 %)	–360	
Stille Reserve		126

b) WB Forderungen aus L + L

Buchwert	43	
5 % von Kundenguthaben 380	– 19	
Stille Reserve		24

c) – –

d) **Geschäftsmehrwert** (Goodwill) 50

Anteil Keller	200	→	80 %
Aufgeld Egli	50	←	20 %

D

1	Aktionäre	/ Aktienkapital	1200
	Aktionäre	/ Agio	50
2	Diverse Aktiven	/ Aktionäre	1412
	Aktionäre	/ Diverses Fremdkapital	967
3	Bank	/ Aktionäre	515 ①
4	Bank	/ Aktionäre	290 ②
5	Agio	/ Post	2
6	Agio	/ Übrige kurzfr. Verbindlichkeiten	12
7	Agio	/ Gesetzliche Kapitalreserve	36

E

Eröffnungsbilanz der Aktiengesellschaft

Umlaufvermögen				**Kurzfristiges Fremdkapital**		
Kasse		10		Verbindlichkeiten aus L + L	147	
Post		36		Übrige kurzfr. Verbindlichkeiten	12	
Bank		366		Anzahlung von Kunden	80	
Forderungen aus L + L	380			Passive Rechnungsabgrenzung	36	
WB Ford. aus L + L	– 43	337		**Langfristiges Fremdkapital**		
Warenvorrat		360		Hypotheken	265	540
Aktive Rechnungsabgr.		17	1 126	**Eigenkapital**		
Anlagevermögen				Aktienkapital	1 200	
Maschinen/Mobiliar	460			Gesetzliche Kapitalreserve	36	1 236
WB Masch./Mobiliar	–290	170				
Liegenschaft		480	650			
			1 776			1 776

① (80 % von 1 200) – (1 412 – 967) = 515

② (20 % v. 1200) + 50 (Agio) = 290

F Sie können als Aufwand verbucht werden. Dadurch wird der Erfolg negativ beeinflusst, was steuerlich besser ist.

G Bei Umwandlungen ist nur der Nennwert steuerpflichtig.
1 % v. (Aktienkapital – Freigrenze)
1 % v. (1 200 – 1 000) = 2

H

Total stille Reserven (126 + 24)	150		
– Latente Steuern 20 % von 150	30		
+ Goodwill	50		
Anteil Keller	170	⟶	80 %
Aufgeld Egli	42,5	⟵	20 %

4.6 Auflösung einer Kollektivgesellschaft und Gründung einer Aktiengesellschaft

A

1	Warenvorrat	/ Bewertungsdifferenzen	60
2	Sachanlagen	/ Bewertungsdifferenzen	150
3	Bewertungsdifferenzen	/ Wertschriften	2
	Kapital B	/ Wertschriften	38
	Kapital B	/ Aktive Rechnungsabgrenzung	1
4	Bewertungsdifferenzen	/ WB Forderungen aus L + L	5
5	Verbindlichkeiten aus L + L	/ Kapital A	1
6	(bereits gebucht: Forderungsverluste	/ WB Forderungen aus L + L 3)	
	WB Forderungen aus L + L	/ Forderungen aus L + L	3
	Kapital B	/ Bewertungsdifferenzen	1
7	Privat A	/ Kapital A	3
	Kapital B	/ Privat B	3
8	Bewertungsdifferenzen	/ Kapital A	102
	Bewertungsdifferenzen	/ Kapital B	102

B

Bewertungsdifferenzen

3	2	60	1
4	5	150	2
8	102	1	6
8	102		

Privat A

7	3	3	AB

Privat B

AB	3	3	7

Kapital A

		130	AB
		1	5
		3	7
		102	8
SB	236		

Kapital B

3	38	95	AB
3	1	102	8
6	1		
7	3		
SB	154		

C

Übergabebilanz der Kollektivgesellschaft

Umlaufvermögen			**Kurzfristiges Fremdkapital**	
Flüssige Mittel		90	Verbindlichkeiten aus L+L	97
Forderungen aus L+L	107		Passive Rechnungsabgrenzung	3
WB Forderungen aus L+L	– 7	100	**Langfristiges Fremdkapital**	
Warenvorrat		180	Hypotheken	240
Anlagevermögen			**Eigenkapital**	
Sachanlagen		360	Kapital Arnold	236
			Kapital Berger	154
		730		730

D

1 a	Aktionäre	/ Aktienkapital	250	
b	Aktionäre	/ Aktienkapital	100	
c	Aktionäre	/ Aktienkapital	150	
	Aktionäre	/ Agio	45	(150 St. zu 300.–)
2 a	Kapital A	/ Aktionäre	236	
	Flüssige Mittel	/ Aktionäre	14	
b	Kapital B	/ Aktionäre	100	
	Kapital B	/ Aktionärshypothek	30	
	Kapital B	/ Flüssige Mittel	24	
c	Flüssige Mittel	/ Aktionäre	165	
	Nicht einbezahltes Aktienkapital	/ Aktionäre	30	
3	Agio	/ Gesetzl. Kapitalreserve	45	

E

Aktionäre

1a	250	236	2a
1b	100	14	2a
1c	150	100	2b
1c	45	165	2c
		30	2c

F

Eröffnungsbilanz der ABC AG

Umlaufvermögen			**Kurzfristiges Fremdkapital**	
Flüssige Mittel		245	Verbindlichkeiten aus L+L	97
Forderungen aus L+L	107		Passive Rechnungsabgrenzung	3
WB Forderungen aus L+L	– 7	100	**Langfristiges Fremdkapital**	
Warenvorrat		180	Hypotheken	240
Anlagevermögen			Aktionärshypothek	30
Sachanlagen		360	**Eigenkapital**	
Nicht einbezahltes Aktienkapital		30	Aktienkapital	500
			Gesetzliche Kapitalreserve	45
		915		915

4.7 Umwandlung einer Kommanditgesellschaft in eine Aktiengesellschaft

A **Gewinnverteilung**

Gesellschafter	Kapitalanteil	Reingewinnanteil
Arnoux	200	12
Bonvin	200	12
Dubois	100	6
	500	30

B **Salden der Kapitalkonten**

	Arnoux	Bonvin	Dubois	
Kapital	200	200	100	
Gewinn	12	12	6	
Übertrag Privatkonto	10	7	4	
	222	219	110	
Rundung	– 2 ①	+ 1 ②	–	
Saldo Kapitalkonto	220	220	110	Total 550

Notwendige Buchung für ① und ②:

Kapital Arnoux	/ Verbindlichkeiten aus L+L	2
Forderungen aus L+L	/ Kapital Bonvin	1

C **Unternehmenswert**

$$\text{Ertragswert} = \frac{63 \cdot 100}{7} = \underline{900}$$

Ausgewiesenes Eigenkapital der Gesellschafter (nach **B**)	550
+ Versteuerte stille Reserven	100
+ Nicht versteuerte stille Reserven (65–15)	50
= Substanzwert	700

$$\text{Unternehmenswert} = \frac{900 + 700}{2} = \underline{800}$$

D **Abfindungsanspruch von Dubois**

Gesellschafter	Beteiligungsverhältnis laut Saldobilanz	Anteil am Unternehmenswert
Arnoux	2	320
Bonvin	2	320
Dubois	1	160
	5	800

E Auflösung stille Reserven

Materialvorrat	/ Reserven	20
Geschäftsliegenschaft	/ Reserven	42
Maschinen, Mobilien	/ Reserven	27
Verbindlichkeiten aus L+L	/ Reserven	11

F Dubois Anspruch an Reserven und Goodwill

	Betrag	Anteil	Anspruch
Versteuerte stille Reserven	100	⅕	20
Nicht versteuerte stille Reserven	50	⅕	10
Goodwill ①	100	⅕	20
		Total	50

G Buchungen für Dubois Abfindungsanspruch

Reserven	/ Kapital Dubois	50 ②	
Kapital Dubois	/ Abfindung Dubois	160	(110 + 50)

H

Reserven

Anspruch Dubois	20		20	Materialvorrat
Anspruch Dubois	10		42	Geschäftsliegenschaft
Anspruch Dubois	20	50	27	Maschinen/Mobilien
Saldo		50	11	Verbindlichkeiten aus L+L

Reserven	/ Kapital Arnoux	25
Reserven	/ Kapital Bonvin	25

① Unternehmenswert – Substanzwert

② Steuerlich bessere Variante:

Reserven	/ Kapital Dubois	20	Offene Reserven
Materialvorrat	/ Kapital Dubois	10	Stille Reserven
Goodwill	/ Kapital Dubois	20	Goodwill

I

Umwandlungs- und Ausscheidungsbilanz der Kommanditgesellschaft

Umlaufvermögen		**Kurzfristiges Fremdkapital**	
Kasse, Post	33	Verbindlichkeiten aus L+L	161
Forderungen aus L+L	188	Bank	50
WB Forderungen aus L+L	– 3	Passive Rechnungsabgrenzung	11
Materialvorrat	100	**Langfristiges Fremdkapital**	
Halb- und Fertigfabrikate	242	Hypotheken	110
Aktive Rechnungsabgrenzung	3	**Eigenkapital**	
Anlagevermögen		Kapital Arnoux	245
Maschinen, Mobilien	150	Kapital Bonvin	245
Fahrzeuge	59	Abfindung Dubois	160
Geschäftsliegenschaft	210		
	982		982

K **Aktienzahl und Aktienkapitalanteil**

	Total	Arnoux	Bonvin	Dubois	Dritte
Unternehmenswert	800	320	320	160	–
Anzahl Aktien (für 1000.– = 1 Aktie zu nom. 500.–)	1 000	320	320	–	360
Anteil am Aktienkapital	500	160	160	–	180

L

1	Aktionäre	/ Aktienkapital	160	Buchwert Arnoux	320 Aktien zu 500.–
	Aktionäre	/ Gesetzl. Kapitalreserve	85		Agio auf 320 Aktien
	Aktionäre	/ Aktienkapital	160	Buchwert Bonvin	320 Aktien zu 500.–
	Aktionäre	/ Gesetzl. Kapitalreserve	85		Agio auf 320 Aktien
	Aktionäre	/ Aktienkapital	180	Dritte	360 Aktien zu 500.–
	Aktionäre	/ Gesetzl. Kapitalreserve	108		Agio: 360 Aktien · 300.–
2	Kapital A	/ Aktionäre	245		
	Kapital B	/ Aktionäre	245		
3	Bank	/ Aktionäre	288		(180 + 108)
4	Abfindung D	/ Bank	100		
5	Abfindung D	/ Darlehen Dubois	60		

M

Aktionäre

	Soll	Haben	
1	160 85	245	2
1	160 85	245	2
1	180 108	288	3

Gesetzl. Kapitalreserve

	Soll	Haben	
		85	1
		85	1
SB	278	108	1

Bank

	Soll	Haben	
3	288	50	AB
		100	4
		138	SB

N

Gründungsbilanz der Arbo AG

Umlaufvermögen		**Kurzfristiges Fremdkapital**	
Kasse, Post	33	Verbindlichkeiten aus L+L	161
Bank	138	Passive Rechnungsabgrenzung	11
Forderungen aus L+L	188	**Langfristiges Fremdkapital**	
WB Forderungen aus L+L	– 3	Darlehen Dubois	60
Materialvorrat	100	Hypotheken	110
Halb- und Fertigfabrikate	242	**Eigenkapital**	
Aktive Rechnungsabgrenzung	3	Aktienkapital	500
Anlagevermögen		Gesetzliche Kapitalreserve	278
Maschinen, Mobilien	150		
Fahrzeuge	59		
Geschäftsliegenschaft	210		
	1 120		1 120

4.8 Gründung einer Kollektivgesellschaft und Umwandlung in eine Aktiengesellschaft

Teil 1

A

1	Einbringungskonto A	/ Kapital Albrecht	100
	Einzahlungskonto B	/ Kapital Bürgi	60
	Einbringungskonto C	/ Kapital Caduff	80
2	Diverse Aktiven	/ Einbringungskonto A	180
	Einbringungskonto A	/ Diverses Fremdkapital	90
	Bank	/ Einbringungskonto A	10
3	Bank	/ Einzahlungskonto B	60
4	Immobilien	/ Einbringungskonto C	220
	Einbringungskonto C	/ Hypotheken	150
	Privat C	/ Einbringungskonto C	10

B

Bürgi zahlt: $\frac{48}{240} \cdot 60 = \underline{12}$

Caduff zahlt: $\frac{48}{240} \cdot 80 = \underline{16}$

Teil 2

C

		Soll	Haben	Betrag
5	a	Maschinen in Leasing	/ Bewertungsdifferenzen	20
	b	Privat A	/ Wertschriften	12
		Verbindlichkeiten aus L+L	/ Privat A	4
6	a	Bewertungsdifferenzen	/ Wertschriften	1
		Aktive Rechnungsabgrenzung	/ Bewertungsdifferenzen	0,2
	b	WB Forderungen aus L+L	/ Bewertungsdifferenzen	9
	c	Materialvorrat	/ Bewertungsdifferenzen	20
	d	Fahrzeuge	/ Bewertungsdifferenzen	15
		Fahrzeuge	/ Wertberichtigung Fahrzeuge	70
	e	Bewertungsdifferenzen	/ Passive Rechnungsabgrenzung	3,2
7		Goodwill	/ Privat A	13
		Goodwill	/ Privat C	13
8		Bewertungsdifferenzen	/ Privat A	25
		Bewertungsdifferenzen	/ Privat B	15
		Bewertungsdifferenzen	/ Privat C	20
9		Reserven	/ Privat A	75
		Reserven	/ Privat B	45
		Reserven	/ Privat C	60
10		Privat A	/ Kapital A	123
		Privat B	/ Kapital B	80
		Privat C	/ Kapital C	85

Erläuterung zu

6c		Buchwert	Effektiver Wert	Stille Reserven
	Materialvorrat alt	60	120	60
	Materialvorrat neu	80	120	40
	Veränderung	**+20**	0	–20
6d		Buchwert	Effektiver Wert	Abschreibungen
	Fahrzeuge alt	15	100	85
	Fahrzeuge neu	30	100	70
	Veränderung	**+15**	0	–15
8 und 9		Kapitalien	Bewertungsdifferenzen	Offene Reserven
	Albrecht	100	**25**	**75**
	Bürgi	60	**15**	**45**
	Caduff	80	**20**	**60**
	Total	240	60	180

D

Bewertungsdifferenzen

	Soll	Haben	
6a	1	20	5a
6e	3,2	0,2	6a
		9	6b
		20	6c
		15	6d
8	25		
8	15		
8	20		
	64,2	64,2	

Privat A

		18	AB
5b	12	4	5b
		13	7
		25	8
10	123	75	9
	135	135	

Privat B

		20	AB
		15	8
		45	9
10	80		
	80	80	

Privat C

AB	8		
		13	7
		20	8
		60	9
10	85		
	93	93	

E

Kapitaleinlage	60
Goodwillanteil	21
Anteil stille Reserven	26
Übertrag Privatkonto	80
Abfindungssumme	187

F

11	Fertigfabrikate	/ Kapital B	21
	Fertigfabrikate	/ Kapital B	26
12	Kapital B	/ Maschinen in Leasing	40
	Leasingverbindlichkeiten	/ Kapital B	30
	Kapital B	/ Darlehen	100
	Kapital B	/ Bank	77

G

Kapital B

		60	AB
		80	10
		21	11
		26	11
12	40	30	12
12	100		
12	77		
	217	217	

H

1)	Ertragswert	– Substanzwert	= 2 · Goodwill		
2)	Substanzwert	= Ertragswert	– 2 · Goodwill		
3)	Substanzwert	= 700	– 2 · 63	=	574
4) –	Eigenkapital (Fibu)	= Kap. A, B, C	+ Reserven	=	420
	Stille Reserven	=		=	154

Teil 3

I

13	Aktionäre	/ Aktienkapital	400
	Aktionäre	/ Aktienkapital	200
	Aktionäre	/ Agio	50
14	Kapital A	/ Aktionäre	200
	Kapital A	/ Bank	40
	Kapital C	/ Aktionäre	190
	Kasse	/ Aktionäre	10
15	Bank	/ Aktionäre	120
	Bank	/ Aktionäre	50
	Nicht einbezahltes Aktienkapital	/ Aktionäre	80
16	Agio	/ Gesetzliche Kapitalreserve	50

K

Eröffnungsbilanz der ALCA AG vom 1.7.20_6

Umlaufvermögen			**Kurzfristiges Fremdkapital**	
Kasse, Post		30	Verbindlichkeiten aus L+L	60
Bank		140	Anzahlungen von Kunden	12
Forderungen aus L+L	80		Passive Rechnungsabgrenzung	4
WB Forderungen aus L+L	– 5	75	Rückstellungen	32
Materialvorrat		90	**Langfristiges Fremdkapital**	
Fertigfabrikate		210	Darlehen	186
Anlagevermögen			Hypotheken	250
Maschinen		100	**Eigenkapital**	
Mobilien		95	Aktienkapital	600
Fahrzeuge	100		Gesetzliche Kapitalreserve	50
WB Fahrzeuge	– 90	10		
Immobilien		350		
Goodwill		14		
Nicht einbez. Aktienkapital		80		
		1 194		1 194

L Lösungsvarianten:

	Albrecht		Caduff und übrige Aktionäre	
	I	II	I	II
Anzahl Aktien	800	200	400	100
Aktiennennwerte	250.–	1 000.–	1 000.–	4 000.–
Aktienkapitalanteil	200 000.–		400 000.–	

In den Statuten der Alca AG muss erwähnt werden, dass jede Aktie unabhängig vom Nennwert eine Stimme hat (OR 693).
Weitere Varianten sind möglich. Wichtig ist, dass die Anzahl Aktien immer ein Verhältnis von 2 : 1 aufweisen.

5 Fusion

5.1 Unternehmens- und Aktienbewertung

A Unternehmensbewertung

1	Eigenkapital laut Bilanz			
	Aktienkapital	300 Mio.		
	Reserven	300 Mio.		
	Buchwert des Reinvermögens			= 600 Mio.
2	Reinvermögen laut Bilanz		600 Mio.	
	+ Stille Reserven auf			
	Vorräte	60 Mio.		
	Sachanlagen	90 Mio.	150 Mio.	
	Substanzwert			= 750 Mio.

3 Ertragswert $= \frac{100 \cdot \text{Zukunftsgewinn}}{\text{Kapitalisierungszinssatz}} = \frac{100 \cdot 126 \text{ Mio.}}{12} = 1\,050 \text{ Mio.}$

4 Unternehmenswert $= \frac{2 \cdot \text{Ertragsw.} + 1 \cdot \text{Substanzw.}}{3} = \frac{2 \cdot 1050 \text{ Mio.} + 1 \cdot 750 \text{ Mio.}}{3} = 950 \text{ Mio.}$

5	Unternehmenswert	950 Mio.	
–	Substanzwert	750 Mio.	
	Goodwill		= 200 Mio.

B Aktienbewertung

1 Bilanzwert $= \frac{\text{Buchwert Reinvermögen}}{\text{Aktienzahl}} = \frac{600 \text{ Mio.}}{3 \text{ Mio.}} = 200.–$

2 Substanzwert $= \frac{\text{Substanzwert}}{\text{Aktienzahl}} = \frac{750 \text{ Mio.}}{3 \text{ Mio.}} = 250.–$

3 Innerer Wert $= \frac{\text{Unternehmenswert}}{\text{Aktienzahl}} = \frac{950 \text{ Mio.}}{3 \text{ Mio.}} = 316.67$

5.2 Berechnung von verschiedenen Bewertungsgrössen

A Unternehmensbewertung

1	Eigenkapital laut Bilanz			
	Aktienkapital	500 000.–		
	Reserven	126 000.–		
	Gewinnvortrag	8 000.–		
	Buchwert des Reinvermögens			= 634 000.–
2	Reinvermögen laut Bilanz		634 000.–	
	+ Stille Reserven auf			
	Wertschriften	6 000.–		
	Vorräte	210 000.–		
	Maschinen und Einrichtungen	120 000.–		
	Fabrikgebäude	290 000.–		
	Wohnhaus	100 000.–		
	Rückstellungen	40 000.–		
			766 000.–	
	Substanzwert			= 1 400 000.–

3 Ertragswert $= \frac{100 \cdot \text{Nachhaltiger Jahresgewinn}}{\text{Kapitalisierungszinssatz}} = \frac{100 \cdot 134\,100}{9} = 1\,490\,000.–$

4 Unternehmenswert $= \frac{3 \cdot \text{Ertragsw.} + 1 \cdot \text{Substanzw.}}{4} = \frac{3 \cdot 1\,490\,000 + 1 \cdot 1\,400\,000}{4} = 1\,467\,500.–$

5	Unternehmenswert	1 467 500.–	
–	Substanzwert	1 400 000.–	
	Goodwill		= 67 500.–

6 Börsenkapitalisierung = 1 000 Aktien · 950.– = 950 000.–

B Aktienbewertung

1 Bilanzwert $= \frac{\text{Buchwert Reinvermögen}}{\text{Aktienzahl}} = \frac{634\,000}{1\,000} = 634.–$

2 Substanzwert $= \frac{\text{Substanzwert}}{\text{Aktienzahl}} = \frac{1\,400\,000}{1\,000} = 1\,400.–$

3 Innerer Wert $= \frac{\text{Unternehmenswert}}{\text{Aktienzahl}} = \frac{1\,467\,500}{1\,000} = 1\,467.50$

4 Dividendenrendite $= \frac{100 \cdot \text{Dividende}}{\text{Aktienkurs}} = \frac{100 \cdot 40}{950} = 4{,}21\,\%$

5 Gewinnrendite $= \frac{100 \cdot \text{effekt. RG je Aktie}}{\text{Aktienkurs}} = \frac{100 \cdot 122}{950} = 12{,}84\,\%$

6 PER auf Aktienkurs $= \frac{\text{Aktienkurs}}{\text{effektiver RG je Aktie}} = \frac{950}{122} = 7{,}8$

PER auf Inneren Wert $= \frac{\text{Innerer Wert}}{\text{effektiver RG je Aktie}} = \frac{1\,467{,}5}{122} = 12{,}0$

7 EK-Rendite $= \frac{100 \cdot \text{effekt. RG je Aktie}}{\text{effektives EK je Aktie}} = \frac{100 \cdot 122}{1400} = 8{,}7\,\%$

5.3 Änderung der Aktienwerte

A Umtauschverhältnis: 1 A-Aktie : 3 B-Aktien

B A-AG: Herabsetzung des Aktienwertes (Kapitalverwässerung)
- Auszahlung von Eigenkapital
  - Frei verfügbare Reserven
  - Nennwertreduktion
- Ordentliche Kapitalerhöhung
  - aus frei verfügbarem Eigenkapital (Ausgabe von Gratisaktien)
  - mit Vermögenszugang (Ausgabe von neuen Aktien unter dem aktuellen Wert)
- Aktiensplit

B-AG: Heraufsetzung des Aktienwertes (Kapitalverdichtung)
- Freiwillige Zuzahlung von Aktionären
- Umwandlung von Aktienkapital in Reserven

C Variante A

1	Tauschverhältnis:	1 A-Aktie 3 B-Aktien	
	Tauschwert:	1 650.– / 550.–	
2	Substanzwert vor Ausschüttung	(800 Stück zu 1 750.–)	1 400 000.–
	Substanzwert nach Ausschüttung	(800 Stück zu 1 650.–)	1 320 000.–
	Auszahlung	(800 Stück zu 100.–)	80 000.–
3	Es dürfen keine gesetzlichen Reserven ausbezahlt werden, weil sie kleiner als die Hälfte des Aktienkapitals sind.		
4	35 % Verrechnungssteuer von 80 000.–	= 28 000.–	
5	Freiwillige Gewinnreserven	/ Liquide Mittel	52 000.–
	Freiwillige Gewinnreserven	/ Liquide Mittel	28 000.–
6	Rückzahlung von CHF 100.– Nennwert je A-Aktie		
	Aktienkapital	/ Liquide Mittel	80 000.–

D Variante B

1	Alter Aktienbestand	(1 400 000.– / 1750.–)	= 800 Stück
	Neuer Aktienbestand	(1 400 000.– / 1650.–)	= 848 Stück
	Anzahl Gratisaktien		= 48 Stück
2	Freiwillige Gewinnreserven	/ Aktienkapital	48 000.–
3	1 % von 48 000.– = 480.– (Pari-Emission, keine Freigrenze)		

E Variante C

1	Wert 1 Aktie vor Kapitalerhöhung		1 750.–
	– Wert 1 Aktie nach Kapitalerhöhung		1 650.–
	Wert 1 Bezugsrecht		100.–

2 **Bezugspreisberechnung**

ohne Formel:

Wert 2 alte	Aktien zu 1 750.–	= 3 500.–
Wert 1 neue	Aktie zu ?	= **1 450.–**
Wert 3	Aktien nach Kapitalerhöhung	= 4 950.–
Wert 1	Aktie nach Kapitalerhöhung	= 1 650.–

mit Formel:

$$E = A - B \cdot \left(\frac{a}{n} + 1\right) = 1\,750.– - 100.– \cdot \left(\frac{2}{1} + 1\right) = 1\,450.–$$

3	Bank	/ Aktienkapital	400 000.–
	Bank	/ Gesetzliche Kapitalreserve	180 000.–

F

1 1750.– – 1650.– = 100.–

2 $1\,750.– - 100.– \cdot \left(\frac{1}{1} + 1\right) = 1\,550.–$

3	Bank	/ Aktienkapital	800 000.–
	Bank	/ Gesetzliche Kapitalreserve	440 000.–

G Variante D

1	Tauschverhältnis	1 A-Aktie : 3 B-Aktien	
	Tauschwert:	1 750.– : **583⅓**	
2	Zuzahlung		
	je B-Aktie (583⅓ – 550.–)	= 33⅓	
	insgesamt (600 Stück zu 33⅓)	= 20 000.–	
3	Bank	/ Gesetzliche Kapitalreserve	20 000.–
4	Die freiwillige Zuzahlung entspricht einem Zuschuss der Aktionäre. 1 % von 20 000.– = 200.– (Pari-Emission, keine Freigrenze)		
5	Nein, OR 680/1		

H Variante E

1	Alter Aktienbestand	(330 000.– / 550.–)	= 600 Stück
	Neuer Aktienbestand	(330 000.– / 583⅓)	= 566 Stück
	Vernichtung von		= 34 Stück
2	Aktienkapital	/ Gesetzliche Kapitalreserve	17 000.–

I 1 Der Nennwert einer bestehenden Aktie wird verkleinert und die Anzahl Aktien im gleichen Verhältnis erhöht, so dass sich die Höhe des Aktienkapitals nicht verändert. Durch die Erhöhung der Aktienstückzahl sinkt der (Bilanz-, Substanz- und Innere) Wert einer Aktie stark.

2 Eine bestehende A-Aktie muss in 3 neue A-Aktien aufgeteilt werden.

3 Es gibt keine Buchung, da sich die Höhe des Aktienkapitals nicht verändert.

4

	Aktienkapital	=	Stückzahl	·	Nennwert je Aktie
Vor Split	720 000.–①	=	800	·	900.–
Nach Split	720 000.–	=	2 400	·	300.–

5 a Bilanzwert der A-Aktie nach Nennwertreduktion und vor Aktiensplit = 1 650.–

b Bilanzwert nach Nennwertreduktion und nach Aktiensplit: 1 650.– / 3 = 550.–

c Neues Umtauschverhältnis = 1 A-Aktie zu 550.– gegen 1 B-Aktie zu 550.–

5.4 Anpassung des Aktienwertes

A

		Xaver AG	Yellow AG
1	Aktienzahl	1 000	200
2	Substanzwert einer Aktie	4 200.–	16 000.–
3	Tauschverhältnis	4 :	1

B 1

Wert 1 Aktie vor	Kapitalerhöhung	= 4 200.–
Wert 1 Aktie nach	Kapitalerhöhung	= 4 000.–
Wert 1	Bezugsrecht	= 200.–

2

		Bestand	Erhöhung
Aktienkapital		1 000 000.–	400 000.–
Bezugsverhältnis	ungekürzt	10 :	4
	gekürzt	5 :	2

① 800 000.– – (800 · 100.– nom.) = 720 000.–

3 ohne Formel:

	Wert 5 alte	Aktien zu 4 200.–	=	21 000.–
	Wert 2 neue	Aktien zu **3 500.–** ←	=	7 000.–
	Wert 7	Aktien nach Kapitalerhöhung	=	28 000.–
∅	Wert 1	Aktie nach Kapitalerhöhung	=	4 000.–
	Wert 1	Aktie	=	4 200.–
	Wert 1	Bezugsrecht	=	200.–

mit Formel:

$$E = A - B \cdot (\frac{a}{n} + 1) = \underline{3\,500.–}$$

5.5 Anpassung des Substanzwertes

A

Bisherige Aktienzahl	(3 240 000.– / 1 620.–)	=	2 000 Stück
Gewünschte Aktienzahl	(3 240 000.– / 1 500.–)	=	2 160 Stück
Anzahl Gratisaktien		=	160 Stück

B Berechnung mit allen Aktien

Bisher:	2 000 Aktien ·	1 620.–	=	3 240 000.–
Neu:	400 Aktien ·	?	=	360 000.–
Total:	2 400 Aktien ·	1 500.–	=	3 600 000.–

? = 360 000.– / 400 = 900.–

Berechnung mit Bezugsverhältnis und Wert des Bezugsrechts

Bezugsverhältnis:	2 000 : 400 = 5 : 1
Wert Bezugsrecht:	1 620.– – 1 500.– = 120.–

Emissionspreisberechnung
ohne Formel:

Wert 5 alte	Aktien	zu 1 620.–	8 100.–
Wert 1 neue	Aktie	zu ?	**900.–**
Wert 6	Aktien	zu 1 500.–	9 000.–

mit Formel:

$$E = A - B \cdot (\frac{a}{n} + 1) = 1\,620.– - 120.– \cdot (\frac{5}{1} + 1) = \underline{900.–}$$

5.6 Anpassung des Inneren Wertes

$$\frac{2 \cdot 1800.- + 1 \cdot x}{3} = 1700.-$$

$$x = (1700.- \cdot 3) - 3600.-$$

$$x = \underline{1500.-}$$

5.7 Fusion mit Wertdifferenzen

A

1 Hunger AG: $\underline{1500.-} = \dfrac{300000.- + 110000.-^{①} + 140000.- + 250000.- + 100000.-}{600 \text{ Stück}}$

Futter AG: $\underline{3000.-} = \dfrac{200000.- + 50000.-^{①} + 30000.- + 20000.-}{100 \text{ Stück}}$

2 2 Hunger-Aktien gegen 1 Futter-Aktie

3 Anzahl Hunger-Abfindungsaktien = $\dfrac{2 \cdot 100}{1}$ = 200 Stück

oder

Für 1 Futter-Aktie	⟶	2 Hunger-Aktien
Für 100 Futter-Aktien	⟶	200 Hunger-Aktien

4 Aktienkapitalerhöhung = 200 Stück · 500.– nom. = 100 000.–

5	Buchwert Reinvermögen der Futter AG	250 000.–
	– Aktienkapitalerhöhung der Hunger AG	100 000.–
	Fusionsagio	150 000.–

B Hunger AG

1	Fusion mit F	/ Aktienkapital	100 000.–
	Fusion mit F	/ Kapitaleinlagereserven	110 000.–
	Fusion mit F	/ Übrige Kapitalreserven	40 000.–
2	Diverse Aktiven	/ Fusion mit F	330 000.–
	Fusion mit F	/ Diverses Fremdkapital	80 000.–

Futter AG

1	Aktienkapital	/ Fusion mit H	200 000.–
	Kapitaleinlagereserven	/ Fusion mit H	10 000.–
	Übrige Kapitalreserven	/ Fusion mit H	5 000.–
	Gesetzliche Gewinnreserve	/ Fusion mit H	35 000.–
2	Fusion mit H	/ Diverse Aktiven	330 000.–
	Diverses Fremdkapital	/ Fusion mit H	80 000.–

① Gesetzliche Reserven

C

Bilanz der Hunger AG nach Fusion

Diverse Aktiven	1 200 000	Diverses Fremdkapital	400 000
		Eigenkapital	
		Aktienkapital	400 000
		Gesetzliche Kapitalreserve	
		• Kapitaleinlagereserven	160 000
		• Übrige Kapitalreserven	60 000
		Gesetzliche Gewinnreserve	40 000
		Freiwillige Gewinnreserven	140 000
	1 200 000		1 200 000

D

1	Substanzwert		2	Innerer Wert	
	Vor Fusion	1 333.33 ①		Vor Fusion	1 500.–
	Nach Fusion	1 350.– ②		Nach Fusion	1 500.– ③
	Fusionsgewinn	16.67		Fusionsgewinn	0.–

5.8 Absorption mit Ausgleichs- und Abfindungszahlungen

A

1	Für 2 Techno-Aktien ⟶ 5 Heavy-Metal-Aktien	
	Für 4 000 Techno-Aktien ⟶ 10 000 Heavy-Metal-Aktien	
2	10 000 Heavy-Metal-Aktien zu 18.– Nennwert	180 000.–
3	4 000 Techno-Aktien · 25.– je 2 Techno-Aktien	50 000.–
4	2 000 Techno-Aktien · 150.–	300 000.–
5	Buchmässiges Reinvermögen der Techno AG	360 000.–
	– Aktienkapitalerhöhung der Heavy Metal SA	180 000.–
	– Ausgleichszahlung	50 000.–
	– Abfindungszahlung	300 000.–
	Fusionsdisagio	–170 000.–

B

1	Nennwert der getauschten Techno-Aktien (4 000 · 50.–)	200 000.–
	– Aktienkapitalerhöhung und Ausgleichszahlung der Heavy Metal SA	230 000.–
	Verminderung offene Reserven (= verrechnungssteuerpflichtig)	– 30 000.–
2	Nennwert der abgefundenen Techno-Aktien (2 000 · 50.–)	100 000.–
	– Abfindungszahlung der Heavy Metal SA	300 000.–
	Verminderung offene Reserven (= verrechnungssteuerpflichtig)	–200 000.–

① $\frac{300\,000.– + 110\,000.– + 140\,000.– + 250\,000.–}{600 \text{ Stück}} = 1\,333.33$

② $\frac{400\,000.– + 260\,000.– + 140\,000.– + 280\,000.–}{800 \text{ Stück}} = 1\,350.–$

③ $\frac{400\,000.– + 260\,000.– + 140\,000.– + 280\,000.– + 120\,000.–}{800 \text{ Stück}} = 1\,500.–$

C

1	Fusion mit T	/ Aktienkapital	180000.–	
2	Freiwillige Gewinnreserven	/ Fusion mit T	170000.–	
3	Fusion mit T	/ Liquide Mittel	10500.–	35 % von 30000.–
	Fusion mit T	/ Liquide Mittel	39500.–	(50000.– – 10500.–)
4	Fusion mit T	/ Liquide Mittel	100000.–	Nennwertrückzahlung für Techno-Aktionäre
	Fusion mit T	/ Liquide Mittel	130000.–	65 %
	Fusion mit T	/ Liquide Mittel	70000.–	35 %
5	Liquide Mittel	/ Fusion mit T	30000.–	
	Übrige Aktiven	/ Fusion mit T	540000.–	
	Fusion mit T	/ Diverses Fremdkapital	210000.–	

D

Bilanz der Heavy Metal SA nach Fusion

Liquide Mittel	80000	Diverses Fremdkapital	5910000
Übrige Aktiven	8340000	**Eigenkapital**	
		Aktienkapital	1080000
		Gesetzliche Gewinnreserve	200000
		Freiwillige Gewinnreserven	1230000
	8420000		8420000

E

Offene Reserven vor Fusion	1660000.–	(Heavy Metal SA und Techno AG)
Offene Reserven nach Fusion	1430000.–	(Heavy Metal SA)
Reservenverminderung	230000.–	= verrechnungssteuerpflichtig

F

1	Aktienkapital	/ Fusion mit HM	300000.–
	Gesetzliche Gewinnreserve	/ Fusion mit HM	25000.–
	Freiwillige Gewinnreserven	/ Fusion mit HM	35000.–
2	Keine Buchungen; betrifft Techno-Aktionäre		
3	Fusion mit HM	/ Liquide Mittel	30000.–
	Fusion mit HM	/ Übrige Aktiven	540000.–
	Diverses Fremdkapital	/ Fusion mit HM	210000.–

5.9 Fusion mit Kapitalverwässerung und Wertdifferenzen

A

Wert 1 Aktie vor	Kapitalerhöhung	2 800.–
Wert 1 Aktie nach	Kapitalerhöhung	2 600.–
Wert 1 Bezugsrecht		200.–

Emissionspreisberechnung
ohne Formel:

	Wert 2 alte	Aktien zu 2 800.–		5 600.–
	Wert 1 neue	Aktie zu ?		**2 200.–**
	Wert 3	Aktien nach	Kapitalerhöhung	7 800.–
∅	Wert 1	Aktie nach	Kapitalerhöhung	2 600.–
	Wert 1	Aktie vor	Kapitalerhöhung	2 800.–
	Wert 1	Bezugsrecht		200.–

mit Formel:

$$E = A - B \cdot (\frac{a}{n} + 1) = 2800 - 200 \cdot (\frac{2}{1} + 1) = \underline{2200.–}$$

B

1	a	Liquide Mittel	/ Aktienkapital	500	[250① Stück zu 2 000.–]
	b	Liquide Mittel	/ Gesetzliche Kapitalreserve	50	[250① Stück zu 200.–]

C

Für 4 B-Aktien	⟶	1 A-Aktie
Für 1000 B-Aktien	⟶	250 A-Aktien ②

oder: $= \frac{1 \cdot 1000}{4} = \underline{250 \text{ Stück}}$

D

	Buchwert Reinvermögen von B	700 000.–	
–	Aktienkapitalerhöhung bei A	500 000.–	[250② Stück zu 2 000.–]
	Fusionsagio	200 000.–	

E

bei A

2	a	Fusion mit B	/ Aktienkapital	500
	b	Fusion mit B	/ Kapitaleinlagereserven	200

bei B

2	a	Aktienkapital	/ Fusion mit A	1 000
	b	Fusion mit A	/ Verlustvortrag	300

① Anzahl Aktien zwecks Kapitalverwässerung
② Anzahl Aktien zwecks Abfindung (= Abfindungsaktien)

F bei A

3	Liquide Mittel	/ Fusion mit B	100
	Forderungen	/ Fusion mit B	250
	Vorräte	/ Fusion mit B	350
	Anlagen	/ Fusion mit B	500
	Fusion mit B	/ Diverses Fremdkapital	500

bei B

3	Fusion mit A	/ Liquide Mittel	100
	Fusion mit A	/ Forderungen	250
	Fusion mit A	/ Vorräte	350
	Fusion mit A	/ Anlagen	500
	Diverses Fremdkapital	/ Fusion mit A	500

G **Bilanz der A-AG nach Verschmelzung**

Liquide Mittel	850	
Forderungen	550	
Vorräte	750	
Anlagen	1 600	
Diverses Fremdkapital		1 100
Eigenkapital		
Aktienkapital		2 000
Gesetzliche Kapitalreserve		
• Kapitaleinlagereserven		250
Gesetzliche Gewinnreserve		400
	3 750	3 750

H Variante I

Substanzwert von B	700 000.–			
Substanzwert der A-Abfindungsaktien	–650 000.–	(2 600.–	·	250 St.)
Fusionsgewinn total	50 000.–			
Fusionsgewinn je A-Aktie	50.–	(50 000.–	/	1 000 St. ①)

Variante II

Substanzwert A-Aktie vor Fusion	2 600.–	(1 950 000.– ②	/	750 St.)
Substanzwert A-Aktien nach Fusion	2 650.–	(2 650 000.–	/	1 000 St.)
Fusionsgewinn je A-Aktie	50.–			
Fusiongsgewinn total	50 000.–	(50.–	·	1 000 St.)

① 500 Stück + 250 Stück + 250 Stück = 1 000 Stück

② (1 000 + 400 + 500 + 50) · 1000.– = 1,95 Mio.

I Ein **Fusionsagio** ergibt sich, wenn
der Buchwert des Reinvermögens von B grösser ist als die Summe der Nennwerte der A-Abfindungsaktien.

Ein Fusionsgewinn entsteht, wenn
der Substanzwert von B grösser ist als der Substanzwert der A-Abfindungsaktien.
Folge: Der Substanzwert der A-Aktien steigt.

K Ein **Fusionsdisagio** ergibt sich, wenn
der Buchwert des Reinvermögens von B kleiner ist als die Summe der Nennwerte der A-Abfindungsaktien.

Ein Fusionsverlust entsteht, wenn
der Substanzwert von B kleiner ist als der Substanzwert der A-Abfindungsaktien.
Folge: Der Substanzwert der A-Aktien sinkt.

Spezialfall:
Ist der tatsächliche Wert von B sogar noch kleiner als der Nennwert der A-Abfindungsaktien, liegt eine verbotene Unter pari-Emission (OR 624) vor.

5.10 Fusion mit vorgängiger Anpassung der Aktienwerte durch Ein- und Auszahlung von Reserven

A bei F

600 Aktien zu 1 600.–	= 960 000.–
600 Aktien zu 1 500.–	= 900 000.–
Auflösung stiller Reserven	= 60 000.–

1	a	Übrige Aktiven	/ Freiwillige Gewinnreserven	60
	b	Freiwillige Gewinnreserven	/ Bank	39
	c	Freiwillige Gewinnreserven	/ Bank	21

bei G

900 Aktien zu 450.–	= 405 000.–
900 Aktien zu 500.–	= 450 000.–
Fehlbetrag	= 45 000.–

2	a	Bank	/ Kapitaleinlagereserven	30
	b	Diverses Fremdkapital	/ Kapitaleinlagereserven	15

B

Buchwert Reinvermögen von G	450 000.–
– Aktienkapitalerhöhung bei F	300 000.– ①
Fusionsagio	150 000.–

① Für 3 G-Aktien → 1 F-Aktie
Für 900 G-Aktien → 300 F-Aktien
300 Abfindungsaktien zu 1000.– nom. = 300 000.–

C

3	Fusion mit G	/ Aktienkapital	300
4	Fusion mit G	/ Fusionsagio	150
5	Fusionsagio	/ Kapitaleinlagereserven	115 ①
	Fusionsagio	/ Übrige Kapitalreserven	35 ②
6	Bank	/ Fusion mit G	82
	Übrige Aktiven	/ Fusion mit G	423
	Fusion mit G	/ Diverses Fremdkapital	55

D **Bilanz F nach Fusion**

Bank	155	
Übrige Aktiven	1 183	
Diverses Fremdkapital		188
Eigenkapital		
Aktienkapital		900
Gesetzliche Kapitalreserve		
• Kapitaleinlagereserven		145
• Übrige Kapitalreserven		35
Gesetzliche Gewinnreserve		48
Freiwillige Gewinnreserven		20
Gewinnvortrag		2
	1 338	1 338

E

Unternehmenswert	960 000.–	(600 Aktien zu 1 600.–)
– Goodwill	70 000.–	
Substanzwert	890 000.–	
– Buch- bzw. Bilanzwert	700 000.–	
Stille Reserven	190 000.–	

F

Auszahlung stille Reserven für 600 F-Aktien	60 000.–	
Auszahlung stille Reserven für 10 F-Aktien	1 000.–	
Bank	/ Wertschriftenertrag	650.–
VST-Guthaben	/ Wertschriftenertrag	350.–

G

Fehlbetrag für 900 G-Aktien	45 000.–	
Fehlbetrag für 15 G-Aktien	750.–	
Wertschriftenbestand	/ Bank	500.–
Wertschriftenbestand	/ Forderungen aus L+L	250.–

① Stammt aus dem steuerbefreiten Aktienkapital von G: AK von G 360 – AK-Erhöhung bei F 300 und den (steuerbefreiten) Kapitaleinlagereserven von G 55 (10 + 30 + 15) = 115.
Andere mögliche Berechnung: 150 – 35 (siehe Fussnote 2).

② Stammt aus der steuerbaren Gewinnreserve von G: 35. Sie darf nicht in die (steuerbefreiten) Kapitaleinlagereserven bei F umgewandelt werden.

5.11 Fusion mit Ausgabe von neuen Aktien zu einem Vorzugspreis an die Aktionäre der übertragenden Gesellschaft

A

Für 3 T-Aktien	→	1 S-Aktie
Für 900 T-Aktien	→	300 S-Aktien

B

	Buchwert Reinvermögen von T	= 558 000.–
–	Aktienkapitalerhöhung bei S	= 300 000.–
=	Fusionsagio	= 258 000.–

C

1	a	Fusion mit T	/ Aktienkapital	300 000.–
	b	Fusion mit T	/ Kapitaleinlagereserven	150 000.–①
		Fusion mit T	/ Übrige Kapitalreserven	108 000.–②
2		Diverse Aktiven	/ Fusion mit T	800 000.–
		Fusion mit T	/ Diverses Fremdkapital	242 000.–

D

	Abfindungsaktien	:	Vorzugsaktien
Aktienzahl	300	:	150
Bezugsverhältnis	2	:	1

E Folgendes ist bei der Berechnung des Vorzugskurses zu beachten:

1) Der Substanzwert darf laut Bedingung nicht unter CHF 1800.– fallen, d. h. der korrekte Emissionspreis beträgt CHF 1800.–.

2) Die T-Aktionäre übergeben zusätzlich
mit 1 T-Aktien CHF 20.–, d. h.
mit 900 T-Aktien CHF 18 000.–.
Dieser Mehrbetrag wird mit 150 S-Aktien zu einem Vorzugspreis abgegolten.

3)

	Korrekter Emissionspreis	1800.–
–	Abgeltung je Aktie (18 000.– / 150 Stück)	120.–
	Vorzugskurs	1680.–

oder

	Stück		Preis		Betrag
Soll (nach **F**)	950 (500 + 300 + 150)		· 1 800.–	=	1 710 000.–
Ist (vor **F**)	800 (500 + 300)		· 1 822.50	=	1 458 000.–③
Vorzugsaktien	150	→	· 1 680.–	←	252 000.–

① Stammt aus dem steuerbefreiten Aktienkapital von T: AK von T 450 000 – AK-Erhöhung bei S 300 000 = 150 000. Andere mögliche Berechnung: 258 000 – 108 000 (siehe Fussnote 2).

② Stammt aus steuerbaren Gewinnreserven von T: (90 000 + 18 000) = 108 000. Sie dürfen nicht in (steuerbefreite) Kapitalreserven bei S umgewandelt werden.

③ bei S

Aktienkapital alt	500 000.–
Gesetzliche Gewinnreserve	100 000.–
Stille Reserven alt	300 000.–
Aktienkapital zusätzlich (siehe **C**)	300 000.–
Kapitaleinlagereserven zusätzlich	150 000.–
Übrige Kapitalreserven zusätzlich	108 000.–
Eigenkapital neu	1 458 000.–

F 3 Bank / Aktienkapital 150 000.–

Bank / Kapitaleinlagereserven 102 000.–

G **Bilanz der Gesellschaft S nach Fusion und Neuemission** (in CHF 1000.–)

Diverse Aktiven	2 552	
Diverses Fremdkapital		842
Eigenkapital		
Aktienkapital		950
Gesetzliche Kapitalreserve		
• Kapitaleinlagereserven		252
• Übrige Kapitalreserven		108
Gesetzliche Gewinnreserve		100
Freiwillige Gewinnreserven		300
	2 552	2 552

H Substanzwert je Aktie $= \frac{\text{Eigenkapital}}{\text{Aktienzahl}} = \frac{1\,710\,000.–}{950} = \underline{1\,800.–}$

I Aus der Sicht der Gesellschaft S:

Wert der eingebrachten T-Aktien (3 • 620.–)	1 860.–	
Emissionspreis 1 neuen S-Aktie	1 680.–	(Vorzugskurs)

$$B = \frac{A - E}{\frac{a}{n} + 1} = \frac{1\,860 - 1\,680}{\frac{2}{1} + 1} = \underline{60.–}$$

Aus der Sicht des T-Aktionärs:

	Wert 1 S-Aktie vor Aktienkapitalerhöhung		1 800.–
	Wert 1 S-Aktie zum Vorzugspreis (= Zahlung)	1 680.–	
+	Wertverlust wegen Umtausch (3 • 20.–)	60.–	
	Wert 1 S-Aktie nach Aktienkapitalerhöhung für T	1 740.–	1 740.–
	Wert 1 Bezugsrecht		60.–

K

	Wert 1 Aktie	1 800.–
+	Verkauf 1 Bezugsrecht	60.–
		1 860.–
–	Kauf 1 Vorzugsaktie	1 680.–
	Ertrag	180.–

L Es spielt keine Rolle, da der Verkauf von 3 Bezugsrechten ebenfalls einen Erlös von 180.– ergibt.

5.12 Fusion mit Minderheitsbeteiligung der übertragenden Gesellschaft an der übernehmenden Gesellschaft

A Pi AG

1	Aktienkapital	/ Eigene Aktien		15
	Freiwillige Gewinnreserven	/ Eigene Aktien		9
	Freiwillige Gewinnreserven	/ Liquide Mittel	$\frac{9 \cdot 35}{65}$	5

B

Für 5 Pi-Aktien	⟶	2 Omikron-Aktien
Für 11 700 Pi-Aktien	⟶	4 680 Omikron-Aktien

C

Buchwert Reinvermögen der Pi AG	811
– Aktienkapitalerhöhung der Omikron AG	468
Fusionsagio	343

D Omikron AG

2	Fusion mit P	/ Aktienkapital	468
3	Fusion mit P	/ Kapitaleinlagereserven	117 ①
	Fusion mit P	/ Übrige Kapitalreserven	226 ②

Pi AG

2	Aktienkapital	/ Fusion mit O	585
	Gesetzliche Gewinnreserve	/ Fusion mit O	171
	Freiwillige Gewinnreserven	/ Fusion mit O	52
	Gewinnvortrag	/ Fusion mit O	3

E Pi AG

4	Fusion mit O	/ Diverse Aktiven	1 495
	Diverses Fremdkapital	/ Fusion mit O	684

Omikron AG

4	Diverse Aktiven	/ Fusion mit P	1 495
	Fusion mit P	/ Diverses Fremdkapital	684
	Eigene Aktien	/ Beteiligungen	80

① Stammt aus steuerbefreitem Aktienkapital von Pi: AK von Pi 585 – AK-Erhöhung bei O 468 = 117. Andere mögliche Berechnung: 343 – 226 (siehe Fussnote 2).

② Entspricht den steuerbaren Gewinnreserven (171 + 52) und dem steuerbaren Gewinnvortrag (3) von Pi = 226.

F

Bilanz der Omikron nach Fusion

Aktiven		Passiven	
Umlaufvermögen		**Kurzfristiges Fremdkapital**	
Liquide Mittel	65	Verbindlichkeiten aus L+L	354
Forderungen aus L+L	470	Passive Rechnungsabgrenzung	40
Wertschriften	20	**Langfristiges Fremdkapital**	
Rohstoffe	480	Darlehen	290
Halb- und Fertigfabrikate	410	Hypotheken	1 000
Anlagevermögen		**Eigenkapital**	
Maschinen	290	Aktienkapital	1468
Mobilien	1 010	Partizipationskapital	400
Immobilien	1 910	Gesetzliche Kapitalreserve	
		• Kapitaleinlagereserven	117
		• Übrige Kapitalreserven	226
		Gesetzliche Gewinnreserve	500
		Freiwillige Gewinnreserven	300
		Gewinnvortrag	10
		Eigene Aktien	– 80
	4655		4655

G

			Pi-Aktien		Omikron-Aktien	
1		Total Pi-Aktien	12 000			
	–	Vernichtete Pi-Aktien	300			
		Abzufindende Pi-Aktien	11 700	→	4680	
	–	Omikron-Aktien bei Pi AG			500	
	=	Total Omikron-Abfindungsaktien			4180	
2		Buchwert Reinvermögen der Pi AG	811			
	–	Aktienkapitalerhöhung der Omikron AG	418			
		Fusionsagio	393			
3	2	Fusion mit P	/ Aktienkapital			418
	3	Fusion mit P	/ Agio			393
	4	Diverse Aktiven	/ Fusion mit P			1 495
		Fusion mit P	/ Diverses Fremdkapital			684
		Agio	/ Beteiligungen			80
		Agio	/ Kapitaleinlagereserven			167 ①
		Agio	/ Übrige Kapitalreserven			146 ②

① Stammt aus dem steuerbefreiten Aktienkapital von Pi: AK von Pi 585 – AK-Erhöhung bei O 418 = 167. Andere mögliche Berechnung: 393 – 80 – 146 (siehe Fussnote 2).

② Entspricht den steuerbaren Gewinnreserven (171 + 52) und dem steuerbaren Gewinnvortrag (3) von Pi minus Beteiligung bei Pi 80 = 146.

5.13 Absorption einer Tochtergesellschaft (Beteiligung = 100 %)

A Die Muttergesellschaft muss die Reserve für eigene Aktien bilden, wenn eine von ihr mehrheitlich beherrschte Tochter Aktien der Muttergesellschaft erwirbt (OR 659b).

B 1

Fusion mit Moll	/ Beteiligungen
Liquide Mittel	/ Fusion mit Moll
Forderungen aus L+L	/ Fusion mit Moll
Darlehen von Moll	/ Fusion mit Moll
Mobilien	/ Fusion mit Moll
Eigene Aktien	/ Fusion mit Moll
Fusion mit Moll	/ Verbindlichkeiten aus L+L
Fusion mit Moll	/ Bank
Freiwillige Gewinnreserven	/ Fusion mit Moll

2 Fusion mit Moll

Soll	Haben
270	
	35
	100
	50
	120
	30
90	
20	
	45
380	380

C **Bilanz der Dur AG nach Fusion**

Umlaufvermögen		**Kurzfristiges Fremdkapital**	
Liquide Mittel	83	Verbindlichkeiten aus L+L	220
Wertschriften	40	Bank	170
Forderungen aus L+L	340		
		Eigenkapital	
Anlagevermögen		Aktienkapital	300
Beteiligungen	60	Gesetzliche Gewinnreserve	95
Mobilien	310	Freiwillige Gewinnreserven	48
		Reserve für eigene Aktien ①	30
		Eigene Aktien	– 30
	833		833

D
- Sofort als (ausserordentlichen) Aufwand erfassen.
- Auf dem Konto Goodwill aktivieren und über fünf Jahre abschreiben.

Die erfolgswirksame Verbuchung wird steuerlich nur anerkannt, wenn der Buchwert der Beteiligung grösser ist als der tatsächliche Unternehmenswert (= Echter Verlust); DBG 61 Abs. 5. Abschreibungen auf dem aktivierten Goodwill werden steuerlich nicht anerkannt und deshalb aufgerechnet.

① Die Reserve für eigene Aktien kann jetzt aufgelöst werden, da die eigenen Aktien von der Dur AG gehalten werden.
Buchung: Reserve für eigene Aktien / Freiwillige Gewinnreserven 30

E 1

Fusion mit Moll	/ Beteiligungen	
Liquide Mittel	/ Fusion mit Moll	
Forderungen aus L+L	/ Fusion mit Moll	
Darlehen von Moll	/ Fusion mit Moll	
Mobilien	/ Fusion mit Moll	
Eigene Aktien	/ Fusion mit Moll	
Fusion mit Moll	/ Verbindlichkeiten aus L+L	
Fusion mit Moll	/ Bank	
Fusion mit Moll	/ Ausserordentlicher Ertrag oder Reserven ①	

2 Fusion mit Moll

Soll	Haben
200	
	35
	100
	50
	120
	30
90	
20	
25	
335	335

5.14 Fusion mit Minderheitsbeteiligung der übernehmenden Gesellschaft an der übertragenden Gesellschaft

A / B

Nr.	Buchungen		Betrag	Bewertungsdifferenzen		Fusion mit S	
1	Aktienkapital	Fusion mit S	200				200
	Fusion mit S	Verlustvortrag	15			15	
	Fusion mit S	Eigene Aktien	6			6	
	Fusion mit S	Nicht einbezahltes AK	60			60	
2	WB Wertschriften	Bewertungsdifferenzen	2		2		
3	Bewertungsdifferenzen	Akt. Rechnungsabgrenzung	2	2			
4	Vorräte	Bewertungsdifferenzen	33		33		
5	Forderungen aus L+L	Maschinen	8				
	WB Maschinen	Maschinen	14				
	WB Maschinen	Bewertungsdifferenzen	2		2		
6	Rückstellung	Bewertungsdifferenzen	20		20		
7	Bewertungsdifferenzen	Verbindlichk. aus L+L EUR	3	3			
8	Fällige Obligationenzinsen	Bewertungsdifferenzen	1		1		
9	Bewertungsdifferenzen	Fusion mit S	53	53			53
				58	58	81	253
	Saldo					172	
				58	58	253	253

① Die erfolgsunwirksame Verbuchung auf ein Reservenkonto wird steuerlich nicht anerkannt (DBG 61 Abs. 5), weil der Überschuss von 25 steuerbaren Gewinn darstellt, auf dem allerdings der Beteiligungsabzug gewährt wird.

C

Für 10 Oldani-Aktien	→	1 Starck-Aktie
Für 1 240① Oldani-Aktien	→	124 Starck-Aktien

D Anteilmässiges Reinvermögen für die Kapitalerhöhung und für die Beteiligung:

	Oldani-Aktien Anzahl	Oldani-Aktien in %	Anteil am Reinvermögen der Oldani AG
Kapitalerhöhung	1 240	65,3 %	112 253.–
Beteiligung	660	34,7 %	59 747.–
Total	1 900	100 %	172 000.–

Fusionsagio auf der Aktienkapitalerhöhung bei der Starck AG:

Anteilmässiges Reinvermögen der Oldani AG		112 253.–
– Aktienkapitalerhöhung der Stark AG 124 · 500.–	62 000.–	
– Barauszahlung an Oldani-Aktionäre 124 · 50.–	6 200.–	68 200.–
Fusionsagio (= Emissionsagio der Kapitalerhöhung)		44 053.–

Buchgewinn auf der Beteiligung bei der Stark AG:

Anteilmässiges Reinvermögen der Oldani AG	59 747.–
– Buchwert der Beteiligung 660 · 70.–	46 200.–
Buchgewinn auf Beteiligung	13 547.–

(Dieser Buchgewinn wird gemäss DBG 61 Abs. 3 besteuert. Es ist daher steuerlich nicht sinnvoll, das zu übernehmende Unternehmen vor der Fusion aufzuwerten.)

E

1	Fusion mit Oldani	/ Aktienkapital
2	Fusion mit Oldani	/ Liquide Mittel
3	Fusion mit Oldani	/ Kapitaleinlagereserven②
4	Fusion mit Oldani	/ Beteiligung
5	Fusion mit Oldani	/ Ausserordentlicher Ertrag③
6	Übriges Umlaufvermögen	/ Fusion mit Oldani
7	Übriges Anlagevermögen	/ Fusion mit Oldani
8	Fusion mit Oldani	/ Diverses Fremdkapital

F Fusion mit Oldani

Soll	Haben
62 000	
6 200	
44 053	
46 200	
13 547	
	475 000
	24 000
327 000	
499 000	499 000

① Aktienzahl Oldani AG laut Bilanz	2 000 Stück
– vernichtete eigene Aktien	100 Stück
– im Besitz der Starck AG	660 Stück
= abzugelten (bei Dritten)	1 240 Stück

② Das ganze Agio stammt aus dem Aktienkapital der Oldani AG und ist darum steuerbefreit.

③ Die erfolgsunwirksame Verbuchung auf ein Reservenkonto wird steuerlich nicht anerkannt (DBG 61 Abs. 5), weil der Überschuss von 13547 steuerbaren Gewinn darstellt, auf dem allerdings der Beteiligungsabzug gewährt wird.

5.15 Kombination

A

	Rho AG	Tau AG
Aktienkapital	300 000.–	120 000.–
+ Reserven	100 000.–	40 000.–
Eigenkapital	400 000.–	160 000.–
Aktienzahl	400	400
Bilanzwert je Aktie	1 000.–	400.–

B

2 Rho-Aktien	→	5 Sigma-Aktien	
400 Rho-Aktien	→		1 000 Sigma-Aktien
1 Tau-Aktie	→	1 Sigma-Aktie	
400 Tau-Aktien	→		400 Sigma-Aktien
Total Abfindungsaktien			1 400 Sigma-Aktien
Aktienkapital = 1400 Aktien zu 300.– nom. =		420 000.–	

C

Reinvermögen der Rho AG	400
+ Reinvermögen der Tau AG	160
– Aktienkapital der Sigma AG	420
Fusionsagio	140

D

Rho AG

1	Aktienkapital	/ Fusion mit S	300
	Kapitaleinlagereserven	/ Fusion mit S	32
	Gesetzliche Gewinnreserve	/ Fusion mit S	68

Tau AG

1	Aktienkapital	/ Fusion mit S	120
	Gesetzliche Gewinnreserve	/ Fusion mit S	40

Sigma AG

1	Fusion mit R	/ Aktienkapital	300
	Fusion mit T	/ Aktienkapital	120
	Fusion mit R	/ Kapitaleinlagereserven	32
	Fusion mit R	/ Übrige Kapitalreserven	68
	Fusion mit T	/ Übrige Kapitalreserven	40

E

2	Liquide Mittel	/ Aktienkapital	105
	Liquide Mittel	/ Kapitaleinlagereserven	21

F 3

Diverse Aktiven	/ Fusion mit R	422
Fusion mit R	/ Verbindlichkeiten aus L+L	22
Diverse Aktiven	/ Fusion mit T	271
Fusion mit T	/ Diverses Fremdkapital	111
Darlehen von Rho AG	/ Darlehen an Tau AG	10

G

Gründungsbilanz der Sigma AG

Umlaufvermögen		**Kurzfristiges Fremdkapital**	
Liquide Mittel	182	Verbindlichkeiten aus L+L	68
Forderungen aus L+L	173	Passive Rechnungsabgrenzung	2
Vorräte	272	**Langfristiges Fremdkapital**	
Anlagevermögen		Hypotheken	53
Einrichtungen	42	**Eigenkapital**	
Immobilien	140	Aktienkapital	525
		Gesetzliche Kapitalreserve	
		• Kapitaleinlagereserven	53
		• Übrige Kapitalreserven	108
	809		809

5.16 **Quasi-Fusion**

Ordentliche Kapitalerhöhung und Kapitalerhöhung mit Kapitalband

A

1 $\frac{1000 \text{ Lamm-Aktien} \cdot 1}{4} = \underline{250 \text{ Aktien}}$

2 250 Stück · 1 000.– nom. = 250 000.–

B

1

	Gegenwert	1 000 Lamm-Aktien	400 000.–	
	– Nennwert	250 Wolf-Aktien	250 000.–	
	Agio für	250 Wolf-Aktien	150 000.–	
	Agio für	1 Wolf-Aktie	600.–	
2	Aktionäre	/ Aktienkapital	250 000.–	(250 [W] · 1 000.–)
	Aktionäre	/ Kapitaleinlagereserven	150 000.–	(250 [W] · 600.–)
	Beteiligung	/ Aktionäre	400 000.–	(1 000 [L] · 400.–)

C

Der Aktientausch erfolgt zwischen der übernehmenden Gesellschaft und den **Aktionären** der übernommenen Gesellschaft, hier also zwischen der Wolf AG und den Aktionären der Lamm AG.

Die Lamm AG besteht weiter als rechtlich selbstständige Tochtergesellschaft.

D

1	Aktionäre	/ Aktienkapital	250 000.–	(250 [W] · 1 000.–)
	Aktionäre	/ Kapitaleinlagereserven	144 000.–	(240 [W] · 600.–)
	Beteiligungen	/ Aktionäre	384 000.–	(960 [L] · 400.–)

2

Aktionäre	
250 000	384 000
144 000	10 000 SB
394 000	394 000

3 Die für den Umtausch nicht benötigten 10 Wolf-Aktien zum Nominalwert von 1 000.– je Stück.

4 Sie werden weiterverkauft oder als eigene Aktien gehalten.

E

1 Keine Buchung

2	Beteiligung	/ Aktienkapital	240 000.–	(240 [W] · 1 000.–)
	Beteiligung	/ Kapitaleinlagereserven	144 000.–	(240 [W] · 600.–)

5.17 Quasi-Fusion

Wandelobligationen, Bedingte Aktienkapitalerhöhung

A

		Jota AG (vor Übernahme)		Kappa AG	
		Ausrechnung	Ergebnis	Ausrechnung	Ergebnis
1	Buchwert	$\frac{2\,950\,000}{1000}$	2 950.–	$\frac{336\,000}{240}$	1 400.–
2	Substanzwert	$\frac{2\,950\,000 + 210\,000}{1000}$	3 160.–	$\frac{336\,000 + 14\,000}{240}$	1 458.33
3	Innerer Wert	$\frac{2\,950\,000 + 210\,000 + 40\,000}{1000}$	3 200.–	$\frac{336\,000 + 14\,000 + 58\,000}{240}$	1 700.–

B

Für 2 Kappa-Aktien → 1 Wandelobligation

Für 240 Kappa-Aktien → 120 Wandelobligationen

C

1 Wandelobligation zu CHF 3 300.– gegen 1 Aktie zu CHF 2 000.–

120 Wandelobligationen zu CHF 3 300.– gegen 120 Aktien zu CHF 2 000.– = 240 000.–

D

1	Keine Buchung		
2	Beteiligung	/ Wandelanleihe	396 000.–
	Beteiligung	/ Liquide Mittel	12 000.–
3	Wandelanleihe	/ Aktienkapital	240 000.–
	Wandelanleihe	/ Kapitaleinlagereserven	156 000.–

E

Keine Buchungen, da Quasi-Fusion

5.18 **Quasi-Fusion**

Ordentliche Aktienkapitalerhöhung

A

	Anton AG		Franz AG
Austauschverhältnis	6	:	5
Stückzahl	6 000	:	5 000

1. Tranche : 6 000 zu 500.– = 3 Mio.

B

1	Aktionäre	/ Aktienkapital	10 Mio.
2	Bank	/ Aktionäre	3 Mio.

C

	vor AK-Erhöhung		AK-Erhöhung	
Bezugsverhältnis	5	:	1	
Anzahl Aktien	60 000	:	12 000	
Bestand/Veränderung	30 Mio.	:	6 Mio.	= 2. Tranche

D

Alter Börsenkurs	1750.–
Neuer Börsenkurs	1600.–
Wert Bezugsrecht	150.–

E

$$E = A - B \cdot \left(\frac{a}{n} + 1\right) = 1750.– - 150 \cdot \left(\frac{5}{1} + 1\right) = \underline{850.–}$$

F

3	Bank	/ Aktionäre	6	Mio. (12 000 St. • 500.–)
	Bank	/ Reserven ①	4,2	Mio. (12 000 St. • 350.–)
4	Keine Buchung, betrifft Industriebank			

G

Aktienkapitalerhöhung		10	Mio.
1.	Tranche	3	Mio.
2.	Tranche	6	Mio.
	Übernahme durch Stiftung	1	Mio.

H

5	Bank	/ Aktionäre	1	Mio. (2 000 St. • 500.–)
	Bank	/ Reserven ①	0,7	Mio. (2 000 St. • 350.–)
6	Reserven ①	/ Bank	0,282	Mio.

I

$$\frac{4675 \cdot 6}{5} = \underline{5610 \text{ Anton-Aktien}}$$

① = Gesetzliche Kapitalreserve (Kapitaleinlagereserven)

K 1 Anton AG

7	Beteiligung	/ Bank	2,805 Mio. (Nennwert)
	Beteiligung	/ Reserven ①	5,1425 Mio. (Agio)

Erläuterung:

	Total Emissionserlös F-Aktien	(4675 St. · 1700.–)	7,9475 Mio.
–	Nennwert A-Abfindungsaktien	(5610 St. · 500.–)	2,805 Mio.
	Agio		5,1425 Mio.

2 Franz AG

7 Keine Buchungen, da Quasi-Fusion!

L

		Anton AG	Franz AG
1	Substanzwert	82 Mio.	10 Mio.
2	Unternehmenswert	96 Mio. ②	10 Mio. ③
	Innerer Wert je Aktie	1600.–	2000.–

M Umtauschverhältnis 5 : 4

N

1	Beteiligungseingang:	4675 Franz-Aktien	zu 1700.–	=	7,9475 Mio.
	Entschädigung:	5610 Anton-Aktien	zu 1600.–	=	8,9760 Mio.
	Beteiligungsverlust			=	1,0285 Mio.
2	Beteiligungseingang:	4675 Franz-Aktien	zu 2000.–	=	9,350 Mio.
	Entschädigung:	5610 Anton-Aktien	zu 1600.–	=	8,976 Mio.
	Beteiligungsgewinn			=	0,374 Mio.

① = Gesetzliche Kapitalreserve (Kapitaleinlagereserven)

② $\frac{(2 \cdot 103) + 82}{3} = 96$

③ $\frac{(2 \cdot 10) + 10}{3} = 10$

5.19 **Quasi-Fusion**

Kapitalerhöhung mit Kapitalband

A Umtauschverhältnis 4 : 1
250 Aktien zu 1 000.– = 250 000.–

B

4 Colla-Aktien zu 350.–	1 400.–	(Buchwert)
– 1 Insone-Aktie zu nom. 1 000.–	1 000.–	
Agio je Insone-Abfindungsaktie	400.–	

C

1	Beteiligung	/ Aktienkapital	225 000.–	(225 · 1 000.– nom.)
	Beteiligung	/ Kapitaleinlagereserven	90 000.–	(225 · 400.– Agio)
2	Keine Buchung			

D **Bilanz der Insone SA**

Übrige Aktiven	1 200 000	
Beteiligung	315 000	
Diverses Fremdkapital		430 000
Aktienkapital		825 000
Gesetzliche Kapitalreserve		
• Kapitaleinlagereserven		90 000
Gesetzliche Gewinnreserve		70 000
Freiwillige Gewinneserven		100 000
	1 515 000	1 515 000

E Das genehmigte Kapital ist um CHF 225 000.– herabzusetzen.

F

Innerer Wert einer Insone-Aktie vor der Fusion	1 700.–
Innerer Wert einer Insone-Aktie nach der Fusion (1 380 000.–① / 825)	1 672.75
Fusionsverlust	27.25

①

Innerer Wert der Insone-Aktien vor Fusion (600 · 1 700.–)	1 020 000.–
+ Innerer Wert der getauschten Colla-Aktien (900 · 400.–) (= Beteiligung zum Inneren Wert)	360 000.–
Innerer Wert der Insone-Aktien total	1 380 000.–

5.20 Arten von Unternehmenszusammenschlüssen

Absorption, Quasi-Fusion, Akquisition (= Kauf)

	A Absorption	B Quasi-Fusion	C Akquisition
Flüssige Mittel	180 000	120 000	10 000
Übriges Vermögen	520 000	380 000	380 000
Beteiligung	–	90 000	110 000
	700 000	590 000	500 000
Fremdkapital	410 000	300 000	300 000
Aktienkapital	240 000	240 000	160 000
Ges. Kapitalreserve			
• Kapitaleinlagereserven	34 000	35 000	25 000
• Übrige Kapitalreserven	1 000	–	–
Ges. Gewinnreserve	10 000	10 000	10 000
Freiw. Gewinnreserven	5 000	5 000	5 000
	700 000	590 000	500 000

Erläuterungen

Substanzwerte

AAG-Aktie	200 000.– / 8 000	=	25.–
BAG-Aktie	90 000.– / 400	=	225.–

Für die Absorption oder Quasi-Fusion:

Anzahl AAG-Abfindungsaktien	400	: 1 · 10	=	4 000
Aktienkapitalerhöhung	4000	· 20.– nom.	=	80 000.–
Buchwert Reinvermögen der BAG		90 000.–		
– Aktienkapitalerhöhung der AAG		80 000.–		
Fusionsagio		10 000.–		

D Bezahlter Goodwill bei der Akquisition:

Kaufpreis (Erwerbspreis)	110 000.–
– Substanzwert der BAG	90 000.–
Goodwill	20 000.–

E

	Konzernbilanz
Flüssige Mittel	70 000
Übriges Vermögen	520 000
Beteiligung	–
Goodwill	20 000
	610 000
Fremdkapital	410 000
Aktienkapital	160 000
Reserven	40 000
	610 000

6 Sanierung und Kapitalherabsetzung

6.1 Liquidität und Unterbilanz

A Liquiditätsgrad 2 = (Liquide Mittel + Forderungen) · 100/Kurzfr. Fremdkapital
= (30 + 530) · 100/1 560 = 35,9 %

Der Richtwert für den Liquiditätsgrad 2 liegt bei 100 %.
Mit den vorhandenen Liquiden Mitteln und den Forderungen ist es nicht möglich, die kurzfristigen Verbindlichkeiten fristgerecht zu begleichen.

B Die Unterbilanz ist offen, echt und ohne gesetzliche Folgen.

6.2 Ursachen der Sanierung

A	B	
Ungenügende Liquidität	Liquiditätsgrad 2	40 %
Unterbilanz	Nettovermögen	230
	– Hälfte des Aktienkapitals	– 200
	Kein Kapitalverlust	30
	Keine gesetzlichen Folgen	
Ungenügende Rentabilität	Eigenkapitalrentabilität ist negativ	
Schlechtes Finanzierungsverhältnis	FK : EK	7,8 : 1

6.3 Unterbilanz und Überschuldung

A 1 Die Bilanz zeigt eine Unterbilanz ohne Überschuldung.
- Aktiven > Fremdkapital — 1 050 > 660
  Die Aktiven decken das Fremdkapital.
  Die Gläubiger kommen nicht zu Schaden.
  oder
- Bilanzverlust < Übriges Eigenkapital — 300 < 690
  Der Bilanzverlust ist kleiner als das übrige Eigenkapital.
  Die Teilhaber verlieren nicht das ganze Eigenkapital, aber einen Teil davon.

B 1 Die Unterbilanz ist offen und unecht.
- Offen, da der Bilanzverlust ersichtlich (ausgewiesen) ist.
- Unecht, da mit den Reserven der Bilanzverlust beseitigt werden kann.

C 2 Die Unterbilanz hat keine gesetzlichen Folgen.
- Nettovermögen > 50% von (Aktienkapital und gesetzliche Reserven) — 390 > 215
  Grund: Kein Kapitalverlust gemäss OR 725a; hier gilt der Umkehrschluss.

6.4 Überschuldung

A

	Diverse Aktiven[1]	oder		Bilanzverlust
–	Fremdkapital		–	Übriges Eigenkapital[2]
	Überschuldung, falls Differenz < 0			Überschuldung, falls Differenz > 0

B

1 ja; 100
2 nein
3 nein
4 ja; 100

6.5 Unterbilanzen ohne gesetzliche Folgen, mit Kapitalverlust und Überschuldung

A

a 1, 3, 4, 8
b 2, 5, 6
c 7

B Zutreffende Aussagen: 2, 3, 5

C Zutreffende Aussagen: 1, 2, 3, 4

6.6 Sanierung durch Veränderung des Fremd- und Eigenkapitals

A

Bilanz nach Sanierung

Umlaufvermögen	200	Kurzfristiges Fremdkapital	200
Anlagevermögen	4500	Darlehen	100
		Stammaktienkapital	1800
		Prioritätsaktienkapital	2600
	4700		4700

B Es braucht keinen Schuldenruf, weil das Aktienkapital zur teilweisen oder vollständigen Beseitigung eines Bilanzverlustes herabgesetzt wird.

① Vorhandenes Vermögen
② Übriges Eigenkapital = ∑ Eigenkapital-Positionen ohne Bilanzverlust

6.7 Aufwertung von Aktiven

A Die Unterbilanz vor der Aufwertung ist offen, unecht und zeigt einen Kapitalverlust (OR 725a).

- Unecht, da in den Beteiligungen und Immobilien stille Zwangsreserven enthalten sind.
- Zeigt einen Kapitalverlust, weil das Nettovermögen von 150 kleiner als die Hälfte der Summe aus Aktienkapital und der gesetzlichen Reserven von 250 ist.

B

1	a	Beteiligungen	/ Aufwertungsreserve	100①
	b	Immobilien	/ Aufwertungsreserve	250

C 1

Bilanz nach Aufwertung

Aktiven		Passiven	
Umlaufvermögen		**Kurzfristiges Fremdkapital**	
Liquide Mittel	50	Verbindlichkeiten aus L+L	120
Forderungen aus L+L	90	**Langfristiges Fremdkapital**	
Vorräte	300	Darlehen	370
Anlagevermögen		Hypotheken	500
Beteiligungen	200	**Eigenkapital**	
Immobilien	850	Aktienkapital	500
		Aufwertungsreserve	350
		Bilanzverlust	– 350
	1 490		1 490

2 Die Unterbilanz nach der Aufwertung ist offen, unecht und hat keine gesetzlichen Folgen.

- Unecht, da in den Beteiligungen und Immobilien immer noch stille Zwangsreserven von 100 und 150 vorhanden sind.
- Zeigt keinen Kapitalverlust mehr und somit gibt es keine gesetzlichen Folgen, weil das Nettovermögen von 500 grösser als die Hälfte des Aktienkapitals von 250 ist.
  Die Aufwertungsreserve ist zwar ein Teil der gesetzlichen Gewinnreserve (OR 725c/1), aber für die Berechnung des Grenzwertes (OR 671/2) darf sie nicht berücksichtigt werden (OR 671/4).

① Alle Beteiligungen:

Anfangsbestand (Ist)	100
Schlussbestand (Soll)	200 (⅔ von 300)
Aufwertung	100 (Davon entfallen 50 auf die später verkauften und 50 auf die nicht verkauften Beteiligungen.)

D

2	a	Aufwertungsreserve	/ Aktienkapital	300 ①
	b	Aktienkapital	/ Bilanzverlust	350
3	a	Liquide Mittel	/ Beteiligungen	160
	b	Aufwertungsreserve	/ Beteiligungen	50
	c	Beteiligungen	/ Gewinn aus Verkauf von Beteiligungen (Sanierungsreserven)	110 ②

E

Bilanz nach Sanierung

Aktiven		Passiven	
Umlaufvermögen		**Kurzfristiges Fremdkapital**	
Liquide Mittel	210	Verbindlichkeiten aus L+L	120
Forderungen aus L+L	90	**Langfristiges Fremdkapital**	
Vorräte	300	Darlehen	370
Anlagevermögen		Hypotheken	500
Beteiligungen	100	**Eigenkapital**	
Immobilien	850	Aktienkapital	450
		Sanierungsreserven	110
	1 550		1 550

① Dieser Betrag unterliegt der Emissionsabgabe und der Verrechnungssteuer. (Bei der VST ist das Meldeverfahren möglich.)

② Kontenführung für die verkaufte Beteiligung:

	Beteiligung Soll	Beteiligung Haben	Aufwertungsreserve Soll	Aufwertungsreserve Haben
Anfangsbestand	50			
Bildung Aufwertungsreserve	50			50
Verkauf Beteiligung		160		
Auflösung Aufwertungsreserve		50	50	
Verkaufsgewinn	110			
Schlussbestand		0	0	

6.8 Sanierung einer Schifffahrtsgesellschaft

A Das Grundkapital besteht aus Stamm- und Prioritätsaktienkapital.
Prioritätsaktien werden oft bei Sanierungen emittiert.
Die Stamm- und die Prioritätsaktien A wurden bereits auf CHF 1.– abgeschrieben.

B

		Soll	Haben	Betrag
1		Flüssige Mittel	/ Sanierung	1 508 425.–
2		Flüssige Mittel	/ Sanierung	1 250 000.–
		Sanierung	/ Darlehen	1 250 000.–
3		Prioritätsaktienkapital A	/ Sanierung	3 920.–
		Sanierung	/ Stammaktienkapital	3 920.–
4		Prioritätsaktienkapital B	/ Sanierung	600 000.–
5		Obligationenanleihe	/ Sanierung	1 000 000.–
		Nachrangige Obligationenanleihe	/ Sanierung	500 000.–
		Sanierung	/ Prioritätsaktienkapital B	1 500 000.–
6		Verbindlichkeiten aus L+L	/ Sanierung	478 628.–
7		Verbindlichkeiten aus L+L	/ Sanierung	75 000.–
		Sanierung	/ Flüssige Mittel	75 000.–
8	a	Sanierung	/ Verlustvortrag	508 425.–
	b	Sanierung	/ Sanierungsrückstellung	478 628.–
	c	Sanierung	/ Sanierungsreserven	1 600 000.–

C

A	Sanierung		E
		1 508 425	1
2	1 250 000	1 250 000	2
3	3 920	3 920	3
		600 000	4
		1 000 000	5
5	1 500 000	500 000	5
		478 628	6
7	75 000	75 000	7
8a	508 425		
8b	478 628		
8c	1 600 000		
	5 415 973	5 415 973	

D **Bilanz nach Sanierung**

Umlaufvermögen			**Kurzfristiges Fremdkapital**	
Flüssige Mittel		3 292 355	Verbindlichkeiten aus L+L	358 643
Forderungen aus L+L		100 508	Verbindlichkeiten gegenüber VE	200 000
Materialvorräte		520 230	Sanierungsrückstellung	478 628
			Langfristiges Fremdkapital	
			Darlehen	1 250 000
Anlagevermögen			Hypotheken	1 018 000
Anlagen	6 296 953		**Eigenkapital**	
WB Anlagen	–2 294 479	4 002 474	Aktienkapital	
			• Stamm-AK	10 296
			• Prioritäts-AK B	3 000 000
			Sanierungsreserven	1 600 000
		7 915 567		7 915 567

E Echte Sanierungsgewinne = Forderungsverzichte von Gläubigern (= Schuldenerlass); also Buchungstatsache 6
Unechte Sanierungsgewinne = Herabsetzung des Grundkapitals und Zuschüsse von Aktionären; also Buchungstatsachen 4 und 1

F Falls die Sanierungsrückstellung steuerlich anerkannt wird, kann der ganze Verlustvortrag von 508 425.– steuerlich geltend gemacht werden.

6.9 Sanierung einer Bank

A

1		Beteiligungen	/ Flüssige Mittel	100
		Sanierungskonto	/ Beteiligungen	100
2	a	Transferbeschränkte Auslandguthaben	/ Forderungen gegenüber Banken	894
	b	Transferbeschränkte Auslandguthaben	/ Forderungen gegenüber Kunden	23496
	c	Transferbeschränkte Auslandguthaben	/ Hypothekarforderungen	9410
	d	Sanierungskonto	/ Transferbeschr. Auslandguthaben	27500
	e	KK Auffanggesellschaft	/ Transferbeschr. Auslandguthaben	6300
3		Sanierungskonto	/ Forderungen gegenüber Kunden	3012
4		Gesetzliche Gewinnreserve	/ Sanierungskonto	2500
5		Übrige Verpflichtungen g. Kunden	/ Forderungen gegenüber Kunden	1347
6		Kassenobligationen	/ Forderungen gegenüber Kunden	14191
		Passive Rechnungsabgrenzung	/ Forderungen gegenüber Kunden	83
7		Spareinlagen	/ Nicht privilegierte Gläubiger	16733
		Übrige Verpflichtungen g. Kunden	/ Nicht privilegierte Gläubiger	8368
		Kassenobligationen	/ Nicht privilegierte Gläubiger	17301
		Passive Rechnungsabgrenzung	/ Nicht privilegierte Gläubiger	112
8	a	Nicht privilegierte Gläubiger	/ Flüssige Mittel	514
	b	Nicht privilegierte Gläubiger	/ Übrige Verpflichtungen g. Kunden	8400
	c	Nicht privilegierte Gläubiger	/ Stammaktienkapital	6300
	d	Nicht privilegierte Gläubiger	/ KK Auffanggesellschaft	6300
	e	Nicht privilegierte Gläubiger	/ Sanierungskonto	21000
9	a	Aktienkapital	/ Sanierungskonto	12000
		Flüssige Mittel	/ Prioritätsaktienkapital	1000
	b	Bereits gebucht bei 8c		
10	a	Sanierungskonto	/ Forderungen gegenüber Kunden	817
	b	Sanierungskonto	/ Beteiligungen (200 Aktien Orion)	200
11		Flüssige Mittel	/ Sanierungskonto	520
12		Sanierungskonto	/ Rückstellung	150
13		Sanierungskonto	/ Sanierungsreserven	4241 ①

① Unechte Sanierungserträge aus einbezahltem EK (Buchungen 4 und 9a)		14500
Echte Sanierungserträge (Buchungen 8e und 11)	21520	
Sanierungsaufwände (Buchungen 1, 2d, 3, 10a, 10b und 12)	–31779	–10529
		4241

B

Transferbeschränkte Auslandguthaben

2a	894	27 500	2d
2b	23 496	6 300	2e
2c	9 410		

Nicht privilegierte Gläubiger

8a	514	16 733	7
8b	8 400	8 368	7
8c	6 300	17 301	7
8d	6 300	112	7
8e	21 000		

Sanierungskonto

1	100	2 500	4
2d	27 500	21 000	8e
3	3 012	12 000	9a
10a	817	520	11
10b	200		
12	150		
S 13	4 241		

C

Bankbilanz nach Sanierung

Flüssige Mittel	2 083	Spareinlagen	35 166
Geldmarktpapiere	848	Übrige Verpfl. gegenüber Kunden	8 400
Forderungen gegenüber Banken	776	Rückstellung	150
Forderungen gegenüber Kunden	27 851	Stammaktienkapital	6 300
Hypothekarforderungen	12 316	Prioritätsaktienkapital	1 000
Finanzanlagen	7 000	Sanierungsreserve	4 241
Beteiligungen	2 363		
Sachanlagen	1 900		
Aktive Rechnungsabgrenzung	120		
	55 257		55 257

D

Bilanz der Auffanggesellschaft

Flüssige Mittel	(1a)	100	Obligationenanleihe	(8d)	6 300
Transferbeschränkte Auslandguthaben	(2e)	6 300	Aktienkapital	(1a)	100
		6 400			6 400

1 2 3 4 5 6 7 8

6.10 Sanierung durch verschiedene Massnahmen sowie Verlustverrechnung mit echten und unechten Sanierungserträgen

A

1	a	Bank	/ Sanierung	52
		Aktienkapital	/ Prioritätsaktienkapital	130
	b	Bank	/ Sanierung	38
		Aktienkapital	/ Stammaktienkapital	190
	c	Aktienkapital	/ Sanierung	60
		Aktienkapital	/ Stammaktienkapital	120
2		Verbindlichkeiten aus L+L	/ Sanierung	45
		Darlehen	/ Sanierung	100
		Keine Buchung für Genussscheine ①		
3	a	Sanierung	/ Maschinen	20
	b	Sanierung	/ WB Fabrikgebäude	20
	c	Sanierung	/ WB Forderungen aus L+L	10
	d	Sanierung	/ WB Vorräte	32
4		Sanierung	/ Bank	10
5	a	Sanierung	/ Verlustvortrag	120
	b	Sanierung	/ Sanierungsrückstellung	40
	c	Sanierung	/ Gesetzliche Kapitalreserve	30 ②
	d	Sanierung	/ Gesetzliche Gewinnreserve	13 ③

2

A Sanierung	E
20	52
20	38
10	60
32	45
10	100
120	
40	
30	
13	
295	295

B

Unechte Sanierungserträge:	1a ⟶ 52,	1b ⟶ 38,	1c ⟶ 60	= Total 150
Echte Sanierungserträge:	2 ⟶ 45,	2 ⟶ 100		= Total 145

① Gemäss OR 657/1 sind die Genussscheine mit Anzahl und den damit verbundenen Rechten in den Statuten aufzuführen. Aus Gründen der Vollständigkeit sollten die Genussscheine in der Bilanz als Pro memoria-Posten oder im Anhang aufgeführt werden.

② Unechte Sanierungserträge aus einbezahltem EK 150 (Vergleiche **B**) – Verlustvortrag 120 = 30

③

Echte Sanierungserträge (Vergleiche **B**)	145
Sanierungsaufwände (Buchungen 3a–d, 4 und 5b)	–132
Echter Sanierungsgewinn	13

C 1	a	Bank	/ Sanierung	52
		Aktienkapital	/ Prioritätsaktienkapital	130
	b	Bank	/ Sanierung	38
		Aktienkapital	/ Stammaktienkapital	190
	c	Aktienkapital	/ Sanierung	60
		Aktienkapital	/ Stammaktienkapital	120
2		Verbindlichkeiten aus L+L	/ A.o. Ertrag	45
		Darlehen	/ A.o. Ertrag	100
3	a	A.o. Abschreibung	/ Maschinen	20
	b	A.o. Abschreibung	/ WB Fabrikgebäude	20
	c	A.o. Abschreibung	/ WB Forderungen aus L+L	10
	d	A.o. Abschreibung	/ WB Vorräte	32
4		A.o. Aufwand	/ Bank	10
5	a	Sanierung	/ Verlustvortrag	120
	b	A.o. Aufwand	/ Sanierungsrückstellung	40
	c	Sanierung	/ Kapitaleinlagereserven	30

D 1	Total Verlustvortrag		120	
	Echte Sanierungserträge	145		
	– Sanierungsaufwände	132	– 13	= echter Sanierungsgewinn
	Noch verrechenbarer Verlustvortrag		107	
2	Verrechenbarer Verlustvortrag		= 120	

Da der echte Sanierungsgewinn von 13 den Erfolg des laufenden Jahres beeinflusst, nicht jedoch den Verlustvortrag, kann der ganze Verlustvortrag von 120 geltend gemacht werden.

6.11 Sanierung mit Eigenkapitalmassnahmen und Optimierung der Kapitalreserve

A

1		Aktienkapital	/ Sanierung	100
2		Bank	/ Sanierung	50
3	a	Gesetzliche Gewinnreserve	/ Sanierung	90
	b	Sanierung	/ Verlustvortrag	170
	c	Sanierung	/ Gesetzliche Kapitalreserve	70

B

1		Aktienkapital	/ Gesetzliche Kapitalreserve	100
2		Bank	/ Gesetzliche Kapitalreserve	50
3	a	Gesetzliche Gewinnreserve	/ Verlustvortrag	90
	b	Gesetzliche Kapitalreserve	/ Verlustvortrag	80

C

bei A		bei B	
AB	30	AB	30
3c	70	1	100
		2	50
		3b	– 80
SB	100	SB	100

D Ja, weil der Verlust von 170 vollständig mit unechten Sanierungserträgen bzw. Eigenkapitalmassnahmen beseitigt wurde.

6.12 Sanierung mit gerichtlichem Nachlassvertrag

A Vermögens- und Schuldenübersicht

Vermögen	Total	Gebunden	Frei
Kasse	3 980		3 980
Warenvorrat	57 490	12 000 9 000	36 490
Geschirr und Wäsche	32 470		32 470
Mobilien	18 540		18 540
Wertschriften	6 500	4 100	2 400
	118 980	25 100	93 880

Schulden	Total	Speziell gesichert	Privilegiert: Klassen 1 und 2	Nicht privilegiert: Klasse 3
Lieferanten	205 500			205 500
Bank	4 100	4 100		
Darlehen von Küpfer	15 000	12 000		3 000
Mietzins	9 000	9 000		
Löhne	4 210		4 210	
Darlehen von M. Keller	5 000			5 000
	242 810	25 100	4 210	213 500

B Nachlassdividende

Forderungen der Kurrentgläubiger (= Gläubiger 3. Klasse)		213 500.–	= 100 %
Freies Vermögen	93 880.–		
– Privilegierte Forderungen	4 210.–	89 670.–	= 42 %
Nicht gedeckte Forderungen 3. Klasse		123 830.–	= 58 %

Nachlassdividende für Drittklassgläubiger = 42 %

Schuldennachlass der Drittklassgläubiger = 58 %

C

1		Nachlasskonto	/ Verlustvortrag	77 900.–
2		Wertschriften	/ Eigenkapital	6 500.–
3		Eigenkapital	/ Darlehen von M. Keller	5 000.–
4	a	Nachlasskonto	/ Warenvorrat	19 500.–
	b	Nachlasskonto	/ Geschirr und Wäsche	6 000.–
	c	Nachlasskonto	/ Mobilien	5 000.–
5	a	Kasse	/ Betriebsertrag	54 600.–
	b	Wareneinkauf	/ Verbindlichkeiten aus L+L	13 600.–
	c	Übriger Betriebsaufwand	/ Kasse	8 900.–
	d	Privat	/ Kasse	2 800.–
	e	Bank	/ Kasse	40 000.–
6		Bank	/ Darlehen von Lüthi	65 000.–
7		Verbindlichkeiten aus L+L	/ Nachlasskonto	119 190.– ①
		Darlehen von Küpfer	/ Nachlasskonto	1 740.– ②
		Darlehen von M. Keller	/ Nachlasskonto	2 900.– ③
8	a	Verbindlichkeiten aus L+L	/ Bank	86 310.– ④
	b	Übriger Betriebsaufwand	/ Bank	9 000.–
	c	Übriger Betriebsaufwand	/ Bank	4 210.–
9		Nachlasskonto	/ Rückstellung	2 000.–
10		Nachlasskonto	/ Eigenkapital	13 430.–

D

A	Nachlasskonto		E
1	77 900	119 190	7
4a	19 500	1 740	7
4b	6 000	2 900	7
4c	5 000		
9	2 000		
10	13 430		
	123 830	123 830	

① 58 % von 205 500.– = 119 190.–
② 58 % von 3 000.– = 1 740.–
③ 58 % von 5 000.– = 2 900.–
④ 42 % von 205 500.– = 86 310.–

E

Bilanz nach Sanierung und ordentlichem Geschäftsverkehr

Umlaufvermögen		**Kurzfristiges Fremdkapital**	
Kasse	6880	Verbindlichkeiten aus L+L	13600
Bank	1480	Kurzfristige Rückstellung	2000
Wertschriften	6500	**Langfristiges Fremdkapital**	
Privat	2800	Darlehen von J. Küpfer	13260
Warenvorrat	59020	Darlehen von M. Keller	2100
Anlagevermögen		Darlehen von H. Lüthi	65000
Geschirr und Wäsche	32500	**Eigenkapital**	
Mobilien	20600	Eigenkapital	14930
		Ordentlicher Betriebsgewinn ①	18890
	129780		129780

① Ergebnis der Buchungen 5a–c und 8b–c.

F

Aufwand im Jahr	5% von 10000.–	= 500.–
Einsparung im Jahr	2% von 60000.–	= 1200.–
Nettoeinsparung je Jahr		= 700.–

oder

Skonto als Zins:

60 Tage = 2%

360 Tage = 12%

Nettoeinsparung je Jahr 7% (12% – 5%) von 10000.– = 700.–

6.13 Sanierung und Unternehmenszusammenschluss

Mechanischen Werkstätte AG

A

1		Materialvorrat	/ Materialaufwand	110
2	a	Abschreibungen	/ Maschinen und Einrichtungen	373
	b	Abschreibungen	/ Fabrikgebäude	60
3		Finanzaufwand	/ KK Hans Huber	20
		KK Karl Huber	/ Finanzertrag	3
		KK Max Maurer	/ Finanzertrag	8
		KK Peter Maurer	/ Finanzertrag	5
4		Bilanzverlust	/ Jahresverlust	81
		Bilanzverlust	/ Verlustvortrag	612

B

KK Hans Huber

		280	AB
		20	4
SB	300		

KK Karl Huber

AB	43		
4	3		
		46	SB

KK Max Maurer

AB	72		
4	8		
		80	SB

KK Peter Maurer

AB	55		
4	5		
		60	SB

C

Schlussbilanz I der Mechanischen Werkstätte AG vom 31. Dezember

Umlaufvermögen		**Kurzfristiges Fremdkapital**	
Kasse, Post	33	Verbindlichkeiten aus L+L	1 676
Forderungen aus L+L	728	Bank	1 646
Aktionärs KK	186	Aktionärs KK	300
Materialvorrat	850	**Langfristiges Fremdkapital**	
Halb- und Fertigfabrikatevorrat	500	Hypotheken	1 800
Anlagevermögen		**Eigenkapital**	
Maschinen und Einrichtungen	1 492	Aktienkapital	1 600
Fabrikgebäude	1 940	Bilanzverlust	– 693
Nicht einbezahltes AK	600		
	6 329		6 329

Erfolgsrechnung der Mechanischen Werkstätte AG

Materialaufwand	6 397	Produktionserlös	10 147
Personalaufwand	1 593	Finanzertrag	19
Übriger Betriebsaufwand	1 555		
Abschreibungen	433		
Finanzaufwand	269	Jahresverlust	81
	10 247		10 247

D

5	KK Hans Huber	/ Nicht einbezahltes Aktienkapital	150
	KK Karl Huber	/ Nicht einbezahltes Aktienkapital	150
	KK Max Maurer	/ Nicht einbezahltes Aktienkapital	150
	KK Peter Maurer	/ Nicht einbezahltes Aktienkapital	150
6	Sanierungserfolg	/ Materialvorrat	85
	Sanierungserfolg	/ Halb- und Fertigfabrikatevorrat	50
7	Sanierungserfolg	/ Maschinen und Einrichtungen	92
8	Sanierungserfolg	/ WB Forderungen aus L+L	40
9	Sanierungserfolg	/ Rückstellung	80
10	Aktienkapital	/ Sanierungserfolg	800
11 a	Sanierungserfolg	/ Bilanzverlust	693
b	KK Hans Huber	/ Sanierungserfolg	60
	KK Karl Huber	/ Sanierungserfolg	60
	KK Max Maurer	/ Sanierungserfolg	60
	KK Peter Maurer	/ Sanierungserfolg	60

E

KK Hans Huber

5	150	300	AB
11b	60	300	12
15c	200		
SB	190		

KK Karl Huber

AB	46	300	12
5	150		
11b	60		
13	44		

KK Max Maurer

AB	80	300	12
5	150		
11b	60		
13	10		

KK Peter Maurer

AB	60	300	12
5	150		
11b	60		
13	30		

A Sanierungserfolg E

6	135	800	10
7	92	240	11b
8	40		
9	80		
11a	693		
	1 040	1 040	

F

12	Ford. gegenüber Maschinenbau AG	/ KK Hans Huber	300
	Ford. gegenüber Maschinenbau AG	/ KK Karl Huber	300
	Ford. gegenüber Maschinenbau AG	/ KK Max Maurer	300
	Ford. gegenüber Maschinenbau AG	/ KK Peter Maurer	300
13	KK Karl Huber	/ Ford. gegenüber Maschinenbau AG	44
	KK Max Maurer	/ Ford. gegenüber Maschinenbau AG	10
	KK Peter Maurer	/ Ford. gegenüber Maschinenbau AG	30
14	Bank	/ Aktienkapital	1 200
15 c	KK Hans Huber	/ Ford. gegenüber Maschinenbau AG	200

Maschinenbau AG

G

12	Beteiligungen	/ Schulden gegenüber Mech. Werkstätte AG	1 200
13	Schulden gegenüber Mech. Werkstätte AG	/ Bank	84
14	Beteiligungen	/ Bank	1 200
15 a	Aktionäre	/ Aktienkapital	4 000
b	Bank	/ Aktionäre	3 000
c	Schulden gegenüber Mech. Werkstätte AG	/ Aktionäre	200
d	Beteiligungen	/ Aktionäre	800
e	Beteiligungen	/ Bank	32

H

Aktionäre

Soll		Haben	
15a	4 000	3 000	15b
		200	15c
		800	15d

Beteiligungen

Soll		Haben	
AB	500		
12	1 200		
14	1 200		
15d	800		
15e	32	3 732	SB

Bank

Soll		Haben	
15b	3 000	540	AB
		84	13
		1 200	14
		32	15e
		1 144	SB

Schulden gegenüber Mech. Werkstätte AG

Soll		Haben	
13	84	1 200	12
15c	200		
SB	916		

Aktienkapital

Soll		Haben	
		6 000	AB
		4 000	15a
SB	10 000		

6.14 Sanierung und Kapitalrestrukturierung

A

	Vermögen	1 700	
–	Fremdkapital	–1 706	
	Überschuldung	– 6	
	oder		
	Positives Eigenkapital	437	(AK + PS + alle Reserven)
–	Negatives Eigenkapital	– 443	(Bilanzverlust)
	Überschuldung	– 6	

B OR 725c

Eine Aufwertungsreserve kann entstehen durch eine

- Tieferbewertung ☐
- Höherbewertung ☒

von

- Vorräten ☐
- Maschinen ☐
- Immobilien ☒
- Beteiligungen ☒
- Immateriellen Werten ☐

über den

- Nennwert ☐
- Anschaffungswert ☒
- Verkehrswert ☐

im Zusammenhang mit einer Unterbilanz

- ohne gesetzliche Folgen. ☐
- mit gesetzlichen Folgen. ☒

C

1	a	Aktienkapital (Inhaber-AK)	/ Sanierung	63,0
	b	Aktienkapital (Namen-AK)	/ Sanierung	81,0
	c	Partizipationskapital	/ Sanierung	21,6
2		Keine Buchung (Das [Inhaber-]Aktienkapital verändert sich durch den Aktiensplit nicht. Nur die Anzahl Aktien erhöht sich, während gleichzeitig der Nennwert je Aktie entsprechend gesenkt wird.)		
3	a	Keine Buchung		
		oder		
		Aktienkapital (Namen-AK)	/ Aktienkapital (Inhaber-AK)	9,0
	b	Partizipationskapital	/ Aktienkapital (Inhaber-AK)	2,4
4	a	Aktionäre	/ Aktienkapital	172
		Aktionäre	/ Agio	258
	b	Bankverbindlichkeiten	/ Aktionäre	430
	c	Bankverbindlichkeiten	/ Ausserordentlicher Ertrag	30
	d	Keine Buchung (Betrifft nur die Bank)		
5		Keine Buchung		
6	a	Gesetzliche Gewinnreserve	/ Sanierung	63
		Agio	/ Sanierung	258
	b	Sanierung	/ Bilanzverlust	443
	c	Sanierung	/ Kapitaleinlagereserven	43,6

D	7		Obligationenanleihen (4¾ % Anleihe)	/ Aktienkapital	64,0
			Obligationenanleihen (4¾ % Anleihe)	/ Kapitaleinlagereserven	96,0
	8		Obligationenanleihen (5 % Wandelanleihe)	/ Aktienkapital	22,0
			Obligationenanleihen (5 % Wandelanleihe)	/ Kapitaleinlagereserven	33,0

E	9	a	Anleihensaufwand	/ Fällige Zinsen	2,7
		b	Fällige Zinsen	/ VST-Schuld	1,0
	10	a	Anleihensaufwand	/ Fällige Zinsen	1,1 ①
		b	Fällige Zinsen	/ VST-Schuld	0,4

6.15 Rückkauf eigener Aktien (unter pari) und sofortige Kapitalherabsetzung

A Gewinnverteilungsplan

	Jahresgewinn	82 000.–
+	Gewinnvortrag 20_5	14 000.–
=	Bilanzgewinn	96 000.–
–	Reservezuweisung 20 %	16 400.–
–	5 % Vorzugsdividende 20_6	40 000.–
–	2 % Vorzugsdividende 20_5 ②	16 000.–
–	5 % Stammdividende	10 000.–
		13 600.–
–	Tantieme	3 500.–
		10 100.–
–	1 % Vorzugsdividende	8 000.–
–	1 % Stammdividende	2 000.–
	Gewinnvortrag 20_6	100.–

① Marchzins = $\frac{55 \text{ Mio.} \cdot 5 \cdot 144}{100 \cdot 360} = \underline{1{,}1 \text{ Mio.}}$

② Nachholdividende:
Im Jahr 20_5 wurden nur 3 % statt 5 % ausgeschüttet.
Die fehlenden 2 % werden nun im Jahr 20_6 nachgeholt.

B

1		Jahresgewinn	/ Gewinnvortrag	82 000.–
	a	Gewinnvortrag	/ Gesetzliche Gewinnreserve	16 400.–
	b	Gewinnvortrag	/ Vorzugsdividende	56 000.–
		Gewinnvortrag	/ Stammdividende	10 000.–
	c	Gewinnvortrag	/ Tantieme	3 500.–
	d	Gewinnvortrag	/ Vorzugsdividende	8 000.–
		Gewinnvortrag	/ Stammdividende	2 000.–
	e	Keine Buchung		
2		Vorzugsdividende	/ Bank	22 400.–
		Stammdividende	/ Bank	4 200.–

C

3		WB Sachanlagen	/ Ausserordentlicher Ertrag	50 000.–
		Ausserordentlicher Aufwand	/ Bank	50 000.–
4		WB Sachanlagen	/ Sachanlagen	30 000.–
		Bank	/ Sachanlagen	140 000.–
5	a	Vorzugsaktienkapital	/ Bank	285 000.–
	b	Vorzugsaktienkapital	/ Kapitaleinlagereserven	15 000.–
6		Vorzugsaktienkapital	/ Aktienkapital	500 000.–
		Stammaktienkapital	/ Aktienkapital	200 000.–

D

Bilanz nach Gewinnverwendung und Kapitalherabsetzung

Umlaufvermögen			**Fremdkapital**	
Bank		104 400	Vorzugsdividende	41 600
Übriges Umlaufvermögen		540 000	Stammdividende	7 800
			Tantieme	3 500
			Diverses Fremdkapital	300 000
Anlagevermögen			**Eigenkapital**	
Sachanlagen	680 000		Aktienkapital	700 000
WB Sachanlagen	–170 000	510 000	Gesetzliche Kapitalreserve	
			• Kapitaleinlagereserven	15 000
			Gesetzliche Gewinnreserve	86 400
			Gewinnvortrag	100
		1 154 400		1 154 400

6.16 Rückkauf eigener Aktien (über pari) und sofortige Kapitalherabsetzung

A

	Rückkaufspreis brutto	400.–	
–	Verrechnungssteuer	133.–	35 % von (400.– – 20.– Nennwert)
	Nettoauszahlung	267.–	

B

1 a	Eigene Aktien	/ Bank	5 340 000.–	(20 000 · 267.–)
b	Eigene Aktien	/ VST-Schuld	2 660 000.–	(20 000 · 133.–)
2	Aktienkapital	/ Eigene Aktien	400 000.–	(20 000 · 20.–)
	Freiwillige Gewinnreserven	/ Eigene Aktien	7 600 000.–	(20 000 · 380.–)
3	VST-Schuld	/ Post	2 660 000.–	

C

Bilanz nach Rückkauf und Vernichtung

Diverse Aktiven	52 600 000	Diverses Fremdkapital	24 600 000
		Eigenkapital	
		Aktienkapital	1 600 000
		Gesetzliche Gewinnreserve	800 000
		Freiwillige Gewinnreserven	25 600 000
	52 600 000		52 600 000

D

Bessere Eigenkapitalrendite durch
- Rückzahlung von Eigenkapital, das nicht genügend rentabel eingesetzt werden kann.
- Ersetzen von Eigenkapital durch günstigeres Fremdkapital.

Rückzahlung von Eigenkapital, das nicht für die betriebliche Tätigkeit benötigt wird.
Veränderung der Stimmverhältnisse
Kurssteigerung für die nicht zurückgekauften Aktien

E

Bank	/ Wertschriftenbestand	26 700.–	Nettoauszahlung
VST-Guthaben	/ Wertschriftenbestand	13 300.–	VST-Anspruch
Wertschriftenbestand	/ Wertschriftenertrag oder Finanzertrag	8 000.–	Kursgewinn

F

A	Rückkaufspreis brutto	400.–		
–	Verrechnungssteuer	134.75	35 % von (400.– – 15.–)	
	Nettoauszahlung	265.25		

B 1 a	Eigene Aktien	/ Bank	5 305 000.–	(20 000 · 265.25)
b	Eigene Aktien	/ VST-Schuld	2 695 000.–	(20 000 · 134.75)
2	Aktienkapital	/ Eigene Aktien	400 000.–	(20 000 · 20.–)
	Eigene Aktien	/ Nicht einbez. Aktienkapital	100 000.–	(20 000 · 5.–)
	Freiwillige Gewinnreserven	/ Eigene Aktien	7 700 000.–	(20 000 · 385.–)
3	VST-Schuld	/ Post	2 695 000.–	

6.17 Kauf eigener Aktien (über pari) und spätere Kapitalherabsetzung

	Ende 20_2					
A	1		Eigene Aktien	/ Liquide Mittel	36	
	Mitte 20_4					
B	2	a	Aktienkapital	/ Eigene Aktien	24	
		b	Freiwillige Gewinnreserven	/ Eigene Aktien	12	→ 65 %
			Freiwillige Gewinnreserven	/ Übr. kfr. Verbindlichkeiten	6,5	← 35 %
	3	a	Aktienkapital	/ Stammaktienkapital	300	
			Aktienkapital	/ Kapitaleinlagereserven	76	(100 – 24)
		b	Liquide Mittel	/ Prioritätsaktienkapital	100	
	4	a	Freiwillige Gewinnreserven	/ Verlustvortrag	24,5 ①	
		b	Gesetzliche Gewinnreserve	/ Verlustvortrag	40	

C

Bilanz nach Sanierung

Umlaufvermögen		**Kurzfristiges Fremdkapital**	
Liquide Mittel	107	Verbindlichkeit aus L+L	110
Forderungen aus L+L	80	Übrige kfr. Verbindlichkeiten	8,5
Vorräte	250		
		Langfristiges Fremdkapital	
		Darlehen	220
Anlagevermögen		Hypotheken	300
Mobilien	100		
Imobilien	500	**Eigenkapital**	
		Stammaktienkapital	300
		Prioritätsaktienkapital	100
		Gesetzliche Kapitalreserve	
		• Kapitaleinlagereserven	76
		Verlustvortrag	– 65,5
		Verlust	– 12
	1 037		1 037

① Freiwillige Gewinnreserven

AB	43
2b	–12
2b	– 6,5
4a	24,5

6.18 Aktienrückkauf mit Put-Optionen und Herabsetzung des Nominalwertes

A

	Rückkaufspreis brutto	900.–	
–	Nennwert	25.–	
	Reserveauszahlung	875.–	
–	Verrechnungssteuer	306.25	35 % von 875.–
+	Nennwertrückzahlung	25.–	
	Nettoauszahlung	593.75	
	oder		
	Rückkaufspreis brutto	900.–	
–	Verrechnungssteuer	306.25	35 % von (900.– – 25.– Nennwert)
	Nettoauszahlung	593.75	

B

1		Keine Buchung				
2	a	Eigene Aktien	/ Flüssige Mittel	Nettoauszahlung	11 705 781.25	(19 715① · 593.75)
		Eigene Aktien	/ Übr. kurzfr. Verbindl.	Gutschrift VST	6 037 718.75	(19 715 · 306.25)
	b	Aktienkapital	/ Eigene Aktien	AK-Herabsetzung	492 875.–	(19 715 · 25.–)
		Freie Gewinnres.	/ Eigene Aktien	Res. Ausschüttung	17 250 625.–	(19 715 · 875.–)
	c	Übr. kurzfr. Verbindl.	/ Flüssige Mittel	Überweisung VST	6 037 718.75	
3		Aktienkapital	/ Flüssige Mittel	Nennwertrückzahlung	4 258 440.–	(177 435② · 24.–)

C Bei der Aktiengesellschaft: Keine Verrechnungssteuer
Beim Aktionär: Keine Einkommenssteuer

D
- Abbau überschüssiger Liquidität
- Steigerung der Eigenkapitalrendite

E Keine Buchung, betrifft nur Delta AG.

① 10 Put-Optionen berechtigen zum Verkauf von 1 Namenaktie
197 150 Put-Optionen berechtigen zum Verkauf von 19 715 Namenaktien (= 10 % aller Namenaktien)
② 90 % von 197 150 Namenaktien = 177 435 Namenaktien

7 Liquidation

7.1 Liquidation einer Aktiengesellschaft ohne ordentliche Geschäftstätigkeit in der Liquidationsphase

A

1	a	Verbindlichkeiten aus L+L	/ Fahrzeug	8000.–
	b	Bank	/ Fahrzeug	3000.–
		Liquidationsverluste	/ Fahrzeug	1800.–
2		Bank	/ Forderungen aus L+L	35000.–
		WB Forderungen aus L+L	/ Forderungen aus L+L	2000.–
		WB Forderungen aus L+L	/ Liquidationsgewinne	1700.–
3		Bank	/ Mobiliar	7500.–
		Mobiliar	/ Liquidationsgewinne	2500.–
4		KK Druck AG	/ Maschinen	330000.–
		WB Maschinen	/ Maschinen	230000.–
		WB Maschinen	/ Liquidationsgewinne	90000.–
5	a	Darlehen	/ KK Druck AG	100000.–
	b	Zinsaufwand	/ Darlehenszinsschuld	500.–
		Darlehenszinsschuld	/ KK Druck AG	3000.–
6		Bank	/ KK Druck AG	227 000.–
7		Rückstellungen	/ Liquidationsgewinne	9000.–
8	a	Verbindlichkeiten aus L+L	/ Bank	20300.–
	b	Übriger Aufwand	/ Bank	49000.–

B **Erfolgsrechnung für die Liquidationsperiode**

Liquidationsgewinne		103200
Liquidationsverluste	1800	
Zinsaufwand	500	
Übriger Aufwand	49000	– 51300
Gewinn (der Liquidationsperiode)		51900

C **Liquidationsschlussbilanz**

Umlaufvermögen		**Eigenkapital**	
Bank	238500	Aktienkapital	200000
		Verlustvortrag	– 13400
		Gewinn (der Liquidationsperiode)	51900
	238500		238500

D

1 Liquidationsquote $= \frac{238500 \cdot 100}{200000} = \underline{119{,}25\,\%}$

2 Liquidationsanteil je Aktie = 119,25 % von 500.– nom. = 596.25

E	9	Gewinn	/ Verlustvortrag	13400.–	
	10 a	Gewinn	/ Bank	13475.–	(35 % von 38500.–)
	b	Gewinn	/ Bank	25025.–	(65 % von 38500.–)
	11	Aktienkapital	/ Bank	200000.–	

F		Liquidationserlös brutto	11925.–	(20 · 596.25)
	–	Nennwert	10000.–	(20 · 500.–)
		Liquidationsüberschuss brutto	1925.–	= Reservenauszahlung brutto
	–	Verrechnungssteuer	673.75	35 % von 1925.–
		Liquidationsüberschuss netto	1251.25	= Reservenauszahlung netto
	+	Nennwert	10000.–	
		Liquidationserlös netto	11251.25	= Nettoauszahlung
		oder		
		Liquidationserlös brutto	11925.–	(20 · 596.25)
	–	Verrechnungssteuer	673.75	35 % von (11925.– – 10000.– nom.)
		Liquidationserlös netto	11 251.25	= Nettoauszahlung

7.2 Liquidation einer Kollektivgesellschaft mit ordentlicher Geschäftstätigkeit in der Liquidationsphase

A	1		Warenaufwand	/ Verbindlichkeiten aus L+L	1070
	2	a	Forderungen aus L+L	/ Warenertrag	1543
		b	Kasse	/ Warenertrag	346
	3	a	Post	/ Forderungen aus L+L	1450
		b	Bank	/ Forderungen aus L+L	244
	4		Warenertrag	/ Forderungen aus L+L	44
	5	a	Verbindlichkeiten aus L+L	/ Post	802
		b	Verbindlichkeiten aus L+L	/ Bank	351
	6		Post	/ Ertrag betriebliche Liegenschaft	19
	7		Aufwand betriebliche Liegenschaft	/ Post	10
	8	a	WB Forderungen aus L+L	/ Forderungen aus L+L	4
		b	WB Forderungen aus L+L	/ Liquidationsgewinne	11
	9		Lohnaufwand	/ Bank	152
	10		Lohnaufwand	/ Privat Keller	30
			Lohnaufwand	/ Privat Müller	30
	11	a	Privat Keller	/ Kasse	24
		b	Privat Müller	/ Kasse	20
	12		Übriger Betriebsaufwand	/ Post	26
	13		Privat Keller	/ Forderungen aus L+L	86
			Liquidationsverluste	/ Privat Keller	5
	14		Verbindlichkeiten aus L+L	/ Post	150
	15		Wertschriften	/ Wertschriftenertrag	4

16	Abschreibungen	/ WB Mobilien	7	½ Jahr
	Aufwand betriebliche Liegenschaft	/ Liegenschaft	10	½ Jahr
17 a	Wertberichtigung Mobilien	/ Mobilien	87	
	KK-Käufer	/ Mobilien	100	
	Mobilien	/ Liquidationsgewinne	47	
b	KK-Käufer	/ Liegenschaft	900	
	Liegenschaft	/ Liquidationsgewinne	410	
	Hypothek	/ KK-Käufer	300	
	Hypothekarzinsschuld	/ KK-Käufer	3	
	Aufwand betriebliche Liegenschaft	/ KK-Käufer	9	
c	Bank	/ KK-Käufer	688	
18	Privat Keller	/ Wertschriften	189	
	Wertschriften	/ Liquidationsgewinne	23	
19	Warenvorrat	/ Liquidationsgewinne	60	
	Warenaufwand	/ Warenvorrat	310	
20	Kapital Keller	/ Privat Keller	264	
	Privat Müller	/ Kapital Müller	10	
21	Gesamtgewinn	/ Kapital Keller	380	
	Gesamtgewinn	/ Kapital Müller	380	

B

Vierstufige Erfolgsrechnung

Warenaufwand	1 380	Warenertrag	1 845
Bruttogewinn	465		
	1 845		1 845
Lohnaufwand	212	Bruttogewinn	465
Abschreibungen	7		
Übriger Betriebsaufwand	26		
Ordentlicher Betriebsgewinn	220		
	465		465
		Ordentlicher Betriebsgewinn	220
Aufwand betriebliche Liegenschaft	29	Ertrag betriebliche Liegenschaft	19
Ord. Unternehmensgewinn	214	Wertschriftenertrag	4
	243		243
Liquidationsverluste	5	Ord. Unternehmensgewinn	214
Gesamtgewinn	760	Liquidationsgewinne	551
	765		765

C

Liquidationsschlussbilanz

Kasse, Post, Bank	1 306	Kapital Keller	516
		Kapital Müller	790
	1 306		1 306

7.3 Liquidation einer Aktiengesellschaft mit Liquidationsüberschuss

A

1	420 000 / 350 000 · 100 =	120 %
2	Namenaktie	120.–
	Inhaberaktie	1 200.–

B

	Liquidationserlös	420 000.–		
–	Aktienkapital	350 000.–		
	Liquidationsüberschuss	70 000.–		
–	Kapitaleinlagereserven	40 000.–		
	Restliche Reserven (steuerbar)	30 000.–	→	100 %
	Verrechnungssteuer	10 500.–	←	35 %

Die restlichen Reserven setzen sich wie folgt zusammen:
- Verbleibende gesetzliche Gewinnreserve von 20 000.–, davon VST 7 000.–
- Verbleibende übrige Kapitalreserven von 10 000.–, davon VST 3 500.–

C

1	a	Freiwillige Gewinnreserven	/ Bilanzverlust	24 000.–
	b	Gesetzliche Gewinnreserve	/ Bilanzverlust	4 000.–
2	a	Gesetzliche Gewinnreserve	/ Bank	7 000.–
	b	Übrige Kapitalreserven	/ Bank	3 500.–
3	a	Gesetzliche Gewinnreserve	/ Bank	13 000.–
	b	Übrige Kapitalreserven	/ Bank	6 500.–
	c	Kapitaleinlagereserven	/ Bank	40 000.–
	d	Aktienkapital	/ Bank	350 000.–

D

1		Nennwert	100.–	
		Kapitaleinlagereserven	11.43	(40 000 / 350 000 · 50 000) / 500 Aktien
		Restliche Reserven	8.57	(30 000 / 350 000 · 50 000) / 500 Aktien
		Auszahlung brutto	120.–	
	–	VST	3.–	(35 % von 8.57)
		Auszahlung netto	117.–	
2		Nennwert	1 000.–	
		Kapitaleinlagereserven	114.29	(40 000 / 350 000 · 300 000) / 300 Aktien
		Restliche Reserven	85.71	(30 000 / 350 000 · 300 000) / 300 Aktien
		Auszahlung brutto	1 200.–	
	–	VST	30.–	(35 % von 85.71)
		Auszahlung netto	1 170.–	

E

Bank	/ Wertschriftenbestand	11 700.–
VST-Guthaben	/ Wertschriftenbestand	300.–
Wertschriftenbestand	/ Wertschriftenertrag	2 000.–

7.4 Nachlassliquidation eines Einzelunternehmens

A **Nachlassstatus (= Bilanz zu Liquidationswerten)**

Post		3500	Verbindlichkeiten aus L+L	94100
Forderungen aus L+L	27500		Bank	51000
WB Ford. aus L+L	– 3000	24500	MWST-Schuld	3200
Wertschriften		34000	Lohnschulden	13200
Rohmaterial		22400	Schuld gegenüber AHV	1000
Fertigfabrikate		24800	Schuld gegen. Vorsorgeeinrichtung	1500
Mobilien und Einrichtungen		16000	Mietzinsschuld	6000
Fahrzeug		13000	Darlehen	25000
Lebensversicherungspolice		8100	Zins für Darlehen von Sutter	200
Münzsammlung		12000	Rückstellung für Nachlasskosten	3000
			Verlustvortrag	– 39900
		158300		158300

B Schuldenübersicht

Art der Schuld	Total	Amtliche Nachlasskosten	Speziell gesichert①	Privilegiert: Klasse 1 und 2	Nicht privilegiert: Klasse 3
Lieferanten	94100		5000		89100
Bank	51000		34000		17000
MWST	3200				3200
Löhne	13200			13200	
AHV	1000			1000	
Vorsorgeeinrichtung	1500			1500	
Mietzins	6000		6000		
Darlehen	25000		8100		16900
Darlehenszins	200				200
Nachlasskosten	3000	3000			
Total	198200	3000	53100	15700	126400

C Nachlassdividende

Aktiven gemäss Nachlassstatus		158300
– Amtliche Nachlasskosten	3000	
– Speziell gesicherte Forderungen	53100	
– Privilegierte Forderungen 1. und 2. Klasse	15700	– 71800
Restliche Aktiven für Gläubiger 3. Klasse		86500
Nachlassdividende für Gläubiger 3. Klasse	$\frac{86500 \cdot 100}{126400}$	= 68,4335 %

① Durch Pfand, Eigentumsvorbehalt, Retentionsrecht und Rückkaufswert LV.

7.5 Konkurs einer Kommanditgesellschaft

A **Konkursstatus (= Bilanz zu Liquidationswerten)**

Kasse, Post		12350	Verbindlichkeiten aus L+L	319000
Wertschriften		88400	Kreditbank	85000
Forderungen aus L+L	136260		Schuld gegen. Vorsorgeeinrichtung	2650
WB Ford. aus L+L	– 50000	86260	Lohnforderungen der Angestellten	24700
Privat Moos		6000	Privat Hilbi	4000
Vorräte		140000	Darlehen	112000
Mobilien		20000	Verlustvortrag	–139340
Nicht einbezahlte Kommanditsumme Richard		50000		
Zinsguthaben bei Richard		5000		
		408010		408010

B Schuldenübersicht

Art der Schuld	Total	Pfand-gesichert	Privilegiert: Klasse 1 und 2	Nicht privilegiert: Klasse 3
Lieferanten	319000	45000		274000
Kreditbank	85000	85000		
Vorsorgeeinrichtung	2650		2650	
Lohnforderungen der Angestellten	24700		22500 ①	2200 ②
Darlehen	112000			112000
Forderung Hilbi	4000			4000
Total	547350	130000	25150	392200

C Konkursdividende

Aktiven gemäss Konkursstatus		408010
– Amtliche Konkurskosten	3813	
– Pfandgesicherte Forderungen	130000	
– Privilegierte Forderungen 1. und 2. Klasse	25150	–158963
Restvermögen für 3.-Klassgläubiger (Kurrentgläubiger)		249047
Konkursdividende für 3.-Klassgläubiger	$\frac{249047 \cdot 100}{392200}$	= 63,5 %

① 2. und 3. Quartal (= letzte 6 Monate) sind privilegiert.
② 1. Quartal ist nicht mehr privilegiert.

7.6 Liquidation einer GmbH

A

1	a	Post	/ Fertigfabrikate	59 000.–
		Liquidationsverluste	/ Fertigfabrikate	32 000.–
	b	Post	/ Maschinen	21 000.–
		Liquidationsverluste	/ Maschinen	35 100.–
2		Verbindlichkeiten aus L+L	/ Post	18 600.–
		Verbindlichkeiten aus L+L	/ Liquidationsgewinne	43 400.–
3		Darlehen Weiss	/ Liquidationsgewinne	100 380.–
4	a	Bank	/ Darlehen Weiss	110 000.–
	b	Keine Buchung		
5		Post	/ Fahrzeuge	17 000.–
		Fahrzeuge	/ Liquidationsgewinne	500.–
6		Liquidationskosten	/ Post	6 500.–
7	a	KK Inkassobüro	/ Dubiose Forderungen aus L+L	4 500.–
		KK Inkassobüro	/ Solvente Forderungen aus L+L	26 000.–
		Liquidationskosten	/ KK Inkassobüro	1 400.–
		Post	/ KK Inkassobüro	29 100.–
	b	WB Forderungen aus L+L	/ Dubiose Forderungen aus L+L	4 000.–
	c	WB Forderungen aus L+L	/ Liquidationsgewinne	4 500.–
8	a	Garantierückstellung	/ Post	3 600.–
	b	Garantierückstellung	/ Liquidationsgewinne	10 000.–
9		Darlehen Weiss	/ Post	80 000.–

B **Erfolgsrechnung für die Liquidationsperiode 1.7.–31.12.**

Liquidationsgewinne		158 780
Liquidationsverluste	67 100	
Liquidationskosten	7 900	– 75 000
Gewinn erste Liquidationsperiode		83 780

C

Liquidationszwischenbilanz vom 31. Dezember

Aktiven		Passiven		
Umlaufvermögen		**Langfristiges Fremdkapital**		
Kasse, Post	25 800	Darlehen Weiss		73 020
Solvente Forderungen aus L+L	13 000	Garantierückstellung		6 400
		Eigenkapital		
		Stammkapital		
		• Weiss	90 000	
		• Blau	40 000	130 000
		Verlustvortrag	–254 400	
		Gewinn 1. Liq.-Periode	+ 83 780	–170 620
	38 800			38 800

8 Unternehmensteilung

8.1 Ausgliederung

A

1	Ausgliederung Farben	/ Liquide Mittel	150 000.–
	Ausgliederung Farben	/ Vorräte	660 000.–
	Ausgliederung Farben	/ Maschinen und Einrichtungen	520 000.–
	Ausgliederung Farben	/ Lizenzen	370 000.–
	Ausgliederung Farben	/ Immobilien	1 000 000.–
	Verbindlichkeiten aus L+L	/ Ausgliederung Farben	380 000.–
	Übrige kurzfristige Verbindlichkeiten	/ Ausgliederung Farben	130 000.–
	Hypotheken	/ Ausgliederung Farben	390 000.–
2	Beteiligung	/ Ausgliederung Farben	1 800 000.–

B

Übernahme von Kobra AG ①	/ Aktienkapital	1 500 000.–
Übernahme von Kobra AG	/ Agio	300 000.–
Liquide Mittel	/ Übernahme von Kobra AG	150 000.–
Vorräte	/ Übernahme von Kobra AG	660 000.–
Maschinen und Einrichtungen	/ Übernahme von Kobra AG	520 000.–
Lizenzen	/ Übernahme von Kobra AG	370 000.–
Immobilien	/ Übernahme von Kobra AG	1 000 000.–
Übernahme von Kobra AG	/ Verbindlichkeiten aus L+L	380 000.–
Übernahme von Kobra AG	/ Übrige kfr. Verbindlichkeiten	130 000.–
Übernahme von Kobra AG	/ Hypotheken	390 000.–
Agio	/ Gesetzliche Kapitalreserve ②	300 000.–

① oder Konto Aktionäre
② Kapitaleinlagereserven

8.2 Abspaltung

A

1	Abspaltung Farben	/ Liquide Mittel	150 000.–
	Abspaltung Farben	/ Vorräte	660 000.–
	Abspaltung Farben	/ Maschinen und Einrichtungen	520 000.–
	Abspaltung Farben	/ Lizenzen	370 000.–
	Abspaltung Farben	/ Immobilien	1 000 000.–
	Verbindlichkeiten aus L+L	/ Abspaltung Farben	380 000.–
	Übrige kurzfristige Verbindlichkeiten	/ Abspaltung Farben	130 000.–
	Hypotheken	/ Abspaltung Farben	390 000.–
2	**Variante I**		
	Freiwillige Gewinnreserven	/ Abspaltung Farben	1 800 000.–
	Freiwillige Gewinnreserven	/ Übrige kfr. Verbindlichkeiten	807 692.– ①
	Variante II		
	Liquide Mittel	/ Abspaltung Farben	1 500 000.–
	Freiwillige Gewinnreserven	/ Abspaltung Farben	300 000.– ②
	Variante III		
	Liquide Mittel	/ Abspaltung Farben	1 800 000.–
	Variante IV		
	Liquide Mittel	/ Abspaltung Farben	2 250 000.–
	Abspaltung Farben	/ Ausserordentlicher Ertrag	450 000.–

B

Aktionäre	/ Aktienkapital	1 500 000.–
Aktionäre	/ Agio	300 000.–
Liquide Mittel	/ Aktionäre	150 000.–
Vorräte	/ Aktionäre	660 000.–
Maschinen und Einrichtungen	/ Aktionäre	520 000.–
Lizenzen	/ Aktionäre	370 000.–
Immobilien	/ Aktionäre	1 000 000.–
Aktionäre	/ Verbindlichkeiten aus L+L	380 000.–
Aktionäre	/ Übrige kfr. Verbindlichkeiten	130 000.–
Aktionäre	/ Hypotheken	390 000.–
Agio	/ Gesetzliche Gewinnreserve ③ oder Gesetzliche Kapitalreserve ④	300 000.–

C

Aktienkapital	/ Abspaltung Farben	1 500 000.–
Freiwillige Gewinnreserven	/ Abspaltung Farben	300 000.–

① Verrechnungssteuer bei der Kobra AG, da sie Gratisaktien abgibt: 1 500 000.– / 65 · 35 = 807 692.–
② Keine Verrechnungssteuer bei der Kobra AG, weil diese Reserven in die neue Gesellschaft Coloris AG übergehen.
③ Für Varianten I + II, weil die 300 000.– aus steuerbaren freiwilligen Gewinnreserven der Kobra AG stammen.
④ Für Varianten III + IV, weil die 300 000.– bei der Kobra AG einbezahlt wurden und steuerbefreit sind (Kapitaleinlagereserven).

8.3 Spin-off und Abgabe von Anrechten zum entgeltlichen Bezug von Aktien des abgespaltenen Unternehmensteils

A

1		Abspaltung Bica SA	/ Diverse Aktiven	2000
		Diverses Fremdkapital	/ Abspaltung Bica SA	920
2		Keine Buchung		
3	a	Flüssige Mittel	/ Abspaltung Bica SA	400
	b	Keine Buchung für den Verkauf der Optionen an der Börse		
		Flüssige Mittel	/ Abspaltung Bica SA	100
	c	Keine Buchung für den Verkauf der Optionen an die Hausbank		
		Flüssige Mittel	/ Abspaltung Bica SA	200
4		Kapitaleinlagereserven	/ Abspaltung Bica SA	250
		Freiwillige Gewinnreserven	/ Abspaltung Bica SA	130

B

1	Aktionäre	/ Aktienkapital	700
	Aktionäre	/ Agio	380
2	Diverse Aktiven	/ Aktionäre	2000
	Aktionäre	/ Diverses Fremdkapital	920
3	Agio	/ Kapitaleinlagereserven	250
	Agio	/ Übrige Kapitalreserven	130

C

Gründungsbilanz Bica SA

Umlaufvermögen		**Kurzfristiges Fremdkapital**	
Flüssige Mittel	100	Verbindlichkeiten aus L+L	170
Forderungen aus L+L	300	Verbindl. gegenüber Banken	250
Vorräte	500		
		Langfristiges Fremdkapital	
Anlagevermögen		Hypotheken	400
Finanzanlagen	120	Rückstellungen	100
Sachanlagen	900	**Eigenkapital**	
Immaterielle Werte	80	Aktienkapital	700
		Gesetzliche Kapitalreserve	
		• Kapitaleinlagereserven	250
		• Übrige Kapitalreserven	130
	2000		2000

8.4 Aufspaltung

A

1	Aufspaltung Anteil Verpack AG	/ Liquide Mittel	3
	Aufspaltung Anteil Verpack AG	/ Forderungen	4
	Aufspaltung Anteil Verpack AG	/ Vorräte	8
	Aufspaltung Anteil Verpack AG	/ Sachanlagen	15
	Aufspaltung Anteil Verpack AG	/ Finanzanlagen	2
	Verbindlichkeiten aus L+L	/ Aufspaltung Anteil Verpack AG	4
	Übrige kurzfristige Verbindlichkeiten	/ Aufspaltung Anteil Verpack AG	1
	Finanzverbindlichkeiten	/ Aufspaltung Anteil Verpack AG	10
	Rückstellungen	/ Aufspaltung Anteil Verpack AG	2
2	Aktienkapital	/ Aufspaltung Anteil Verpack AG	10
	Reserven	/ Aufspaltung Anteil Verpack AG	5

B

Aktionäre	/ Aktienkapital	10
Aktionäre	/ Übrige Kapitalreserven ① oder Kapitaleinlagereserven ②	5
Diverse Aktiven	/ Aktionäre	32
Aktionäre	/ Diverses Fremdkapital	17

C Das gesamte Aktienkapital der beiden neuen Gesellschaften ist nach der Aufspaltung nicht grösser als das Aktienkapital der untergehenden Gesellschaft, d. h. es wurde kein neues Aktienkapital zu Lasten der Reserven geschaffen.

① Falls der Betrag von 5 aus steuerbaren Gewinnreserven der Donmix stammt.
② Falls der Betrag von 5 aus der steuerbefreiten Kapitalreserve der Donmix stimmt.

8.5 Unternehmensteilung nach zwei Arten (Ausgliederung und Abspaltung)

A

Bilanz der Eltech AG

Umlaufvermögen	342 000	Diverses Fremdkapital	235 000
Anlagevermögen	717 000	Aktienkapital	400 000
Beteiligung	140 000	Gesetzliche Kapitalreserve	
		• Kapitaleinlagereserven	190 000
		Gesetzliche Gewinnreserve	174 000
		Freiwillige Gewinnreserven	200 000
	1 199 000		1 199 000

Bilanz der Raumtech AG

Umlaufvermögen	98 000	Diverses Fremdkapital	80 000
Anlagevermögen	122 000	Aktienkapital	100 000
		Gesetzliche Kapitalreserve	
		• Kapitaleinlagereserven	40 000
	220 000		220 000

Bei einer Ausgliederung kann das Agio bei der Tochtergesellschaft als steuerfreie Kapitalreserve ausgewiesen werden.

B Variante I

Bilanz der Eltech AG

Umlaufvermögen	342 000	Diverses Fremdkapital	235 000
Anlagevermögen	717 000	Aktienkapital	400 000
		Gesetzliche Kapitalreserve	
		• Kapitaleinlagereserven	50 000
		Gesetzliche Gewinnreserve	174 000
		Freiwillige Gewinnreserven	200 000
	1 059 000		1 059 000

Bilanz der Raumtech AG

Umlaufvermögen	98 000	Diverses Fremdkapital	80 000
Anlagevermögen	122 000	Aktienkapital	100 000
		Gesetzliche Kapitalreserve	
		• Kapitaleinlagereserven	40 000
	220 000		220 000

Diese Variante ist verrechnungs- und einkommenssteuerfrei, weil verrechnungssteuerfreie Kapitalreserve der Eltech AG von 140 000.– in verrechnungssteuerfreies Aktienkapital von 100 000.– und verrechnungssteuerfreie Kapitalreserve von 40 000.– der Raumtech AG umgewandelt werden.

Variante II

Bilanz der Eltech AG

Umlaufvermögen	342 000	Diverses Fremdkapital	235 000
Anlagevermögen	717 000	Aktienkapital	300 000
		Gesetzliche Kapitalreserve	
		• Kapitaleinlagereserven	150 000
		Gesetzliche Gewinnreserve	174 000
		Freiwillige Gewinnreserven	200 000
	1 059 000		1 059 000

Bilanz der Raumtech AG

Umlaufvermögen	98 000	Diverses Fremdkapital	80 000
Anlagevermögen	122 000	Aktienkapital	100 000
		Gesetzliche Kapitalreserve	
		• Kapitaleinlagereserven	40 000
	220 000		220 000

Diese Variante ist ebenfalls verrechnungs- und einkommenssteuerfrei.

Variante III

Bilanz der Eltech AG

Umlaufvermögen	342 000	Verrechnungssteuerschuld	53 846 ①
Anlagevermögen	717 000	Übriges Fremdkapital	235 000
		Aktienkapital	400 000
		Gesetzliche Kapitalreserve	
		• Kapitaleinlagereserven	190 000
		Gesetzliche Gewinnreserve	174 000
		Freiwillige Gewinnreserven	6 154
	1 059 000		1 059 000

Bilanz der Raumtech AG

Umlaufvermögen	98 000	Diverses Fremdkapital	80 000
Anlagevermögen	122 000	Aktienkapital	100 000
		Gesetzliche Kapitalreserve	
		• Übrige Kapitalreserven	40 000 ②
	220 000		220 000

Diese Variante ist verrechnungs- und einkommenssteuerpflichtig, weil steuerpflichtige Gewinnreserven in verrechnungs- und einkommenssteuerfreies Aktienkapital umgewandelt werden (Gratisaktien).

① Berechnung der Verrechnungssteuer: 100 000 / 65 · 35 = 53 846 (Nettomethode)

② Dieser Betrag darf nicht als steuerbefreite gesetzliche Kapitalreserve (Kapitaleinlagereserven) erfasst werden, weil im Zuge von Umstrukturierungen verrechnungssteuerbare Reserven nicht in verrechnungssteuerfreie Reserven umgewandelt werden dürfen.